Cours intensif 1

Grammatisches Beiheft

von
Dieter Kunert
Wolfgang Spengler

Ernst Klett Schulbuchverlage
Stuttgart • Leipzig

Salut ! Bienvenue !

Liebe Schülerin, lieber Schüler,

so findest du dich im Grammatischen Beiheft am besten zurecht:

- Im **Inhaltsverzeichnis** (S. 4–5) steht, welche Grammatikkapitel in den jeweiligen Lektionen behandelt werden und wo du sie in diesem Heft findest.
- Die **Révisions** (S. 68–75) bestehen aus Zusammenfassungen und Übersichten zum raschen Nachschlagen: Das Wesentliche auf einen Blick. Wenn du intensiv „nachlernen" möchtest, findest du einen Verweis auf die jeweiligen Paragrafen.
- Im **Verzeichnis der grammatischen Begriffe** (S. 76–78) werden alle verwendeten Bezeichnungen erklärt und mit Beispielen belegt.
- Das **Stichwortverzeichnis** (S. 79–80) hilft dir, ganz schnell ein Grammatikkapitel zu finden, zu dem du Informationen suchst.

Die **Paragrafen** sind immer nach demselben Schema aufgebaut. Folgende Symbole und Rubriken kommen immer regelmäßig vor und erleichtern dir den Überblick:

W **Wiederholung**: Hier wird an bereits bekannten Stoff angeknüpft.

EU Hier wird das grammatische Thema mit **Beispielen** eingeführt.
Unterschiedliche Farben sowie verschiedene Druckstärken zeigen dir, worauf es besonders ankommt.
Wenn du genau hinschaust, kannst du schon selbst die **Regel** aus dem Beispiel ableiten.

R1 Nach diesem Symbol steht immer die Regel. Lies sie gut durch und gehe dann noch einmal zurück zum Beispiel.

Beachte! Hier findest du **Hinweise** auf Besonderheiten.

Mit grünen Pinn-Nadeln wird auf spezielle **Merk-** und **Lerntipps** zu einzelnen Problemen hingewiesen.

Tout compris ? („Alles verstanden?"). Am Ende jeder Lektion kannst du selbst testen, ob du das neu Gelernte verstanden hast. Mit Hilfe der kleinen Übungen kannst du dich auch gut auf Klassenarbeiten vorbereiten. Alle **Lösungen** findest du auf den Seiten 62–67. Aber versuche es erst mal selbst!

Wir wünschen dir viel Erfolg und Spaß dabei.
Bon courage.

Leçon 1

§1 Fragen stellen (1) – Poser des questions

Im Französischen gibt es wie im Deutschen Entscheidungs- und Ergänzungsfragen.

1. Eine **Entscheidungsfrage** ist eine Frage **ohne Fragewort**.
   Sie kann nur mit ***oui*** oder ***non*** beantwortet werden. Schau dir die Beispiele an:

Intonation (Satzmelodie):	↗	
Fragesatz:	– C'est Marie ?	Ist das Marie?
Intonation (Satzmelodie):	↘	
Aussagesatz:	– Oui. C'est Marie.	Ja. Das ist Marie.

R1 Man kann eine **Entscheidungsfrage** bilden, indem man **am Ende eines Aussagesatzes die Stimme hebt**. Beim Schreiben setzt man ein **Fragezeichen**.

2. Eine **Ergänzungsfrage** ist eine Frage **mit Fragewort**.
   Die Antwort kann nicht ***oui*** oder ***non*** sein, sondern muss durch eine Information ergänzt werden.

Intonation (Satzmelodie):	↘	
	– Qui est-ce ?	– C'est Julien.
	Wer ist das?	Das ist Julien.
Intonation (Satzmelodie):	↗	
	– Tu t'appelles comment ?	– Je m'appelle Nicolas.
	Wie heißt du?	Ich heiße Nicolas.

R2 **Ergänzungsfragen** haben immer ein **Fragewort**. Beim Sprechen liegt der **höchste Ton auf dem Fragewort**, egal, ob das Fragewort am Anfang oder am Ende steht.

§2 Der bestimmte Artikel – L'article défini

W Du weißt, dass es im Deutschen wie im Lateinischen drei grammatische Geschlechter gibt: Maskulinum, Femininum und Neutrum.

NEU Im Französischen gibt es nur **zwei** grammatische Geschlechter: Maskulinum und Femininum. Deshalb gibt es auch bei den Artikeln nur Maskulinum und Femininum.
Zuerst lernst du den **bestimmten Artikel** im Singular und Plural kennen:

Voilà **le** théâtre de l'Epouvantail.	[ləteatʀ]	Da ist das *Théâtre de l'Epouvantail.*
Naïma est **la** copine de Marie.	[lakɔpin]	Naïma ist Maries Freundin.
Monsieur Rollin est **l'**animateur.	[lanimatœʀ]	Herr Rollin ist der Kursleiter.
Naïma, Marie, Julien et Nicolas sont **les** superstars.	[lesypɛʀstaʀ]	Naïma, Marie, Julien und Nicolas sind die Superstars.

R3 Der **bestimmte Artikel** im Französischen heißt im Maskulinum ***le*** und im Femininum ***la***. Vor Vokal und stummem ***h*** werden ***le*** und ***la*** zu ***l'*** verkürzt.

Der Plural heißt immer ***les***. Das Nomen, vor dem der Artikel steht, erhält im Plural meist ein ***-s***; dieses ***-s*** wird nicht ausgesprochen.

Der bestimmte Artikel auf einen Blick:

	Maskulinum		Femininum
Singular	**le**	**l'**	**la**
Plural		**les**	

Beachte!

Voilà les‿acteurs. [lezaktœʀ] Da sind die Schauspieler.

Vor Vokal wird das **-s** in ***les*** hörbar. Man nennt dies „Bindung“ (auf Französisch ***la liaison***).
Das **-s** wird dabei stimmhaft ausgesprochen: [z].

§3 Die Subjektpronomen und das Verb „être" (Präsens) – Les pronoms sujets et le verbe « être » (présent)

Hier lernst du die Subjektpronomen und das Verb ***être*** kennen.

	Person	Pronomen	être	[ɛtʀ]	sein
Singular	1.	**je**	**suis**	[ʒəsɥi]	ich bin
	2.	**tu**	**es**	[tyɛ]	du bist
	3.	**il / elle / on**	**est**	[ilɛ] / [ɛlɛ] / [õnɛ]	er ist / sie ist / man ist (wir sind)
Plural	1.	**nous**	**sommes**	[nusɔm]	wir sind
	2.	**vous**	**êtes**	[vuzɛt]	ihr seid / Sie sind
	3.	**ils/elles**	**sont**	[ilsõ] / [ɛlsõ]	sie sind

R4 Die Subjektpronomen heißen ***je***, ***tu***, ***il***, ***elle***, ***on***, ***nous***, ***vous***, ***ils***, ***elles***.

	– **Le théâtre**	est à Paris ?	Ist **das Theater** in Paris?
– Oui,	**il**	est à Paris.	Ja, **es** ist in Paris.
	– **Monsieur Rollin**	est cool ?	Ist **Herr Rollin** cool?
– Oui,	**il**	est cool.	Ja, **er** ist cool.
	– **Les garçons**	sont là ?	Sind **die Jungen** da?
– Oui,	**ils**	sont là.	Ja, **sie** sind da.
	– **Marie**	est la copine de Naïma ?	Ist **Marie** Naïmas Freundin?
– Oui,	**elle**	est la copine de Naïma.	Ja, **sie** ist Naïmas Freundin.
	– **Les filles**	sont là aussi ?	Sind **die Mädchen** auch da?
– Oui,	**elles**	sont là aussi.	Ja, **sie** sind auch da.
	– **Marie et Julien**	sont super ?	Sind **Marie** und **Julien** super?
– Oui,	**ils**	sont super.	Ja, **sie** sind super.

R5 Die Subjektpronomen ***il*** / ***ils*** vertreten **maskuline Nomen**; ***elle*** / ***elles*** vertreten **feminine Nomen**. Sie vertreten **Personen** und **Sachen**.
Ils steht auch für gemischte Gruppen (z. B. *Marie et Julien*).

– Ici, on est cool.	Hier ist man cool.
– On est à Paris.	Wir sind in Paris.

R6 ***On*** vertritt das unpersönliche „man" und wird in der Umgangssprache auch für die 1. Person Plural (***nous***) verwendet.

– Vous êtes monsieur Rollin ?	Sind Sie Herr Rollin?
– Oui. Et vous êtes les acteurs ?	Ja. Und seid ihr / sind Sie die Schauspieler?

R7 Die 2. Person Plural ***vous*** („ihr") wird auch als Höflichkeitsform („Sie") benutzt.

§ 4 Der unbestimmte Artikel – L'article indéfini

W Du kennst schon den **bestimmten** Artikel aus § 2. Du weißt auch schon, dass es im Französischen nur zwei grammatische Geschlechter gibt: **le** théâtre – **la** copine.

NEU Nun lernst du den **unbestimmten** Artikel kennen.

Nicolas est **un garçon**.	[ɛ̃gaʀsõ]	Nicolas ist ein Junge.
Naïma est **une fille**.	[ynfij]	Naïma ist ein Mädchen.
Nicolas et Julien sont **des garçons**.	[degaʀsõ]	Nicolas und Julien sind __ Jungen.

R8 Im Singular lautet **der unbestimmte Artikel *un*** (Maskulinum) und ***une*** (Femininum). Der Plural heißt immer ***des***.

	Singular		Plural	
	**ein**	Freund	–	Freunde
	**a**	friend	–	friends
	**un**	copain	**des**	copains

E/F Im Unterschied zum Französischen gibt es im Deutschen und Englischen keinen Plural des unbestimmten Artikels.

Un oder une?
Lerne die Wörter immer mit dem Artikel!
Du kannst die maskulinen Nomen blau, die femininen Nomen rot in deinem Vokabelheft notieren.

une fille	ein Mädchen
un garçon	ein Junge

Zusammenfassung:

bestimmter Artikel			
	Maskulinum		Femininum
Singular	le	l'	la
Plural		les	

unbestimmter Artikel		
	Maskulinum	Femininum
Singular	un	une
Plural	des	

Beachte!

L'histoire [listwaʀ] de Marie est cool.
Les‿histoires [lezistwaʀ] de monsieur Rollin sont super.

Das ***h*** wird im Französischen nie gesprochen.

§5 Die Verben auf „-er" (Präsens) – Les verbes en « -er » (présent)

Nun lernst du die Konjugation der Verben kennen, deren Infinitiv auf ***-er*** endet.
Wie im Lateinischen unterscheidet man beim Infinitiv und beim konjugierten Verb zwischen **Stamm** und **Endung**.

Infinitiv		Stamm	Endung
regarder	betrachten	**regard**	**er**

Übrigens: Ca. 90% der französischen Verben enden auf ***-er*** [e].

	regarder	**[ʀəgaʀde]**	**betrachten**
je	regard**e**	[ʒəʀəgaʀd]	ich betrachte
tu	regard**es**	[tyʀəgaʀd]	du betrachtest
il elle on	regard**e**	[ilʀəgaʀd] [ɛlʀəgaʀd] [õʀəgaʀd]	er sie man } betrachtet
nous	regard**ons**	[nuʀəgaʀdõ]	wir betrachten
vous	regard**ez**	[vuʀəgaʀde]	ihr betrachtet / Sie betrachten
ils elles	regard**ent**	[ilʀəgaʀd] [ɛlʀəgaʀd]	sie betrachten

R9 Die Verben auf *-er* haben im Präsens die Endungen ***-e***, ***-es***, ***-e***, ***-ons***, ***-ez***, ***-ent***.
Nur die Endungen ***-ons*** und ***-ez*** werden ausgesprochen.

Beachte!

1. Vor einem Verb, das mit einem Vokal beginnt, wird **je** zu **j'**: ***j'****aime*, ***j'****invite*.
2. Die 2. Person Singular hat immer ein ***-s***: **tu** cherche**s** (vgl. im Deutschen: **du** such**st**).
3. ***On***, ***nous***, ***vous***, ***ils*** und ***elles*** werden gebunden, wenn das Verb mit einem Vokal beginnt:
   Vous‿aimez le théâtre ? [vuzeme] On‿invite les copains ? [õnɛ̃vit]

Tout compris ?

1. Stelle folgende Fragen:

   a) Du möchtest wissen, wie jemand heißt.
   b) Du möchtest wissen, ob dein Gesprächspartner Nicolas ist.
   c) Du fragst deinen Partner, wer die Person ist.

2. Setze den bestimmten Artikel ein.

   a) Nicolas aime ■ cours de théâtre.
   b) Dans ■ théâtre, il regarde ■ photos de monsieur Rollin.
   c) Sur ■ photos, il y a ■ copains de Marie.
   d) Il y a ■ scène avec ■ table et ■ acteurs.
   e) Monsieur Rollin aime ■ musique et ■ danse.

3. Setze den unbestimmten Artikel ein.

   a) Voilà ■ invitation pour ■ match ou ■ concert.
   b) Sur la scène, il y a ■ filles et ■ garçons. Ce sont ■ acteurs.
   c) Tu es ■ copine de Julien ?
   d) Marie est ■ star.

4. Ergänze mit *être* oder einem Subjektpronomen.

   a) Nous ■ à Paris.
   b) ■ êtes dans le théâtre de l'Epouvantail.
   c) Tu ■ où ?
   d) Julien ■ sur la scène.
   e) Les filles ? Elles ■ dans le théâtre.
   f) ■ suis à Marseille.

5. Übersetze:

   a) Marie und Naïma sind auf der Bühne. Sie spielen.
   b) Marie sucht einen Brief.
   c) Marie, du bist cool.
   d) Julien und Nicolas betrachten die Bühne. Sie suchen Ideen.
   e) Wir organisieren ein Konzert und ihr ladet Freunde ein.

▶ Die Lösungen findest du auf Seite 62.

Leçon 2

§ 6 Das Verb „aller" (Präsens) – Le verbe « aller » (présent)

W Du kennst schon die regelmäßigen Verben auf ***-er*** und auch das unregelmäßige Verb ***être***.

NEU Nun lernst du ein weiteres unregelmäßiges Verb kennen.

	aller	**[ale]**	**gehen**
je	**vais**	[ʒəvɛ]	ich gehe
tu	**vas**	[tyva]	du gehst
il	**va**	[ilva]	er geht
elle	**va**	[ɛlva]	sie geht
on	**va**	[ɔ̃va]	man geht
nous	**allons**	[nuzalɔ̃]	wir gehen
vous	**allez**	[vuzale]	ihr geht / Sie gehen
ils	**vont**	[ilvɔ̃]	sie gehen
elles	**vont**	[ɛlvɔ̃]	sie gehen

§ 7 Die Präpositionen „à" und „de" und der bestimmte Artikel – Les prépositions « à » et « de » et l'article défini

W Aus § 2 kennst du die Formen des bestimmten Artikels.

le	**l'**	**la**
	les	

NEU Schau dir an, was geschieht, wenn die Präpositionen ***à*** und ***de*** mit den bestimmten Artikeln ***le*** und ***les*** zusammentreffen.

Naïma est **au** concert.	[o]	Naïma ist im Konzert.
Marie va **aux** blocks de Bercy.	[o]	Marie geht zu den *Blocks de Bercy*.

Julien regarde une photo **du** match de foot.	[dy]	Julien betrachtet ein Foto des Fußballspiels.
Marie regarde une photo **des** copains.	[de]	Marie betrachtet ein Foto der Freunde.

R1 Die Präposition ***à*** verschmilzt mit den Artikeln ***le*** und ***les*** zu ***au*** und ***aux***.
Die Präposition ***de*** verschmilzt mit den Artikeln ***le*** und ***les*** zu ***du*** und ***des***.

Beachte!

Julien va **à la** MJC, Naïma va **à l'**atelier.

Voilà une photo **de la** MJC et une photo **de l'**atelier.

Mit den bestimmten Artikeln la und l' findet keine Verschmelzung statt.

§ 8 Das Verb „faire" (Präsens) – Le verbe « faire » (présent)

Mit *faire* lernst du ein weiteres unregelmäßiges Verb kennen.

	faire	**[fɛr]**	**machen**
je	fai**s**	[ʒəfɛ]	ich mache
tu	fai**s**	[tyfɛ]	du machst
il		[ilfɛ]	er
elle	fai**t**	[ɛlfɛ]	sie } macht
on		[õfɛ]	man
nous	fais**ons**	[nufəzõ]	wir machen
vous	**faites**	[vufɛt]	ihr macht / Sie machen
ils	**font**	[ilfõ]	sie machen
elles		[ɛlfõ]	

§9 Fragen stellen (2) – Poser des questions

W In § 1 hast du gelernt, dass es Unterschiede zwischen Entscheidungs- und Ergänzungsfragen gibt.

– Tu vas au collège ?	– Oui. / Non.	◄ **Entscheidungsfragen**
– C'est Marie ?	– Oui. / Non.	
– Tu t'appelles comment ?	– Je m'appelle Julien.	◄ **Ergänzungsfragen**
– Qui est-ce ?	– C'est l'animateur.	

NEU Nun lernst du eine andere Form der Fragestellung kennen.

1. Entscheidungsfragen

– Est-ce que	Jérémy	va	au cinéma ?	– Oui./Non.	Geht Jérémy ins Kino?
– Est-ce qu'	on	va	aussi au cinéma ?	– Oui./Non.	Gehen wir auch ins Kino?
Est-ce que / qu'	**Subjekt**	**Verb**	**Ergänzung**		◄ **Wortstellung wie im Aussagesatz**

R2 **Entscheidungsfragen** können auch mit **vorangestelltem *est-ce que*** beginnen.
Die **Satzstellung** bleibt danach wie im **Aussagesatz**. Die Satzmelodie steigt an.

2. Ergänzungsfragen

Ergänzungsfragen kannst du auch mit ***est-ce que*** bilden.

– Qu'	**est-ce qu'**	on	fait	maintenant ?	**Was** machen wir jetzt?
– Qu'	**est-ce que**	Marie	cherche	sur la scène ?	**Was** sucht Marie auf der Bühne?
Fragewort	**est-ce que / qu'**	**Subjekt**	**Verb**	**Ergänzung**	◄ **Wortstellung wie im Aussagesatz**

R3 Bei den **Ergänzungsfragen** mit ***est-ce que*** steht das **Fragewort** immer am **Anfang** des Satzes. Danach bleibt die **Satzstellung** wie im **Aussagesatz**. Die Satzmelodie fällt ab.

§10 Die Zahlen (1): von 0 bis 20 – Les nombres de 0 à 20

	die Zahl alleine		die Zahl als Begleiter			
			vor Konsonant		vor Vokal	
0	**zéro**	[zeʀo]				
1	**un /** **une**	[ɛ̃] [yn]	**un** cinéma / **une** maison	[ɛ̃sinema] / [ynmɛzõ]	**un‿ami** **une‿amie**	[ɛ̃**n**ami] / [ynami]
2	**deux**	[dø]	deux cours	[døkuʀ]	deux‿**entrées**	[døzɑ̃tʀe]
3	**trois**	[tʀwa]	trois magasins	[tʀwamagazɛ̃]	trois‿**invitations**	[tʀwazɛ̃vitasjõ]
4	**quatre**	[kat(ʀ)]	quatre rendez-vous	[kat(ʀə)ʀɑ̃devu]	quatre‿**idées**	[katʀide]
5	**cinq**	[sɛ̃k]	cinq maisons	[**sɛ̃(k)**mɛzõ]	cinq‿**invitations**	[sɛ̃**k**ɛ̃vitasjõ]
6	**six**	[sis]	six tables	[**si**tabl]	six‿**ateliers**	[sizatəlje]
7	**sept**	[sɛt]	sept copains	[sɛtkɔpɛ̃]	sept‿**amis**	[sɛtami]
8	**huit**	[ɥit]	huit photos	[**ɥi**foto]	huit‿**amies**	[ɥitami]
9	**neuf**	[nœf]	neuf copines	[nœfkɔpin]	neuf‿**heures**	[nœvœʀ]
10	**dix**	[dis]	dix garçons	[**di**gaʀsõ]	dix‿**acteurs**	[dizaktœʀ]

11	**onze**	[õz]	**13**	**treize**	[tʀɛz]	**15**	**quinze**	[kɛ̃z]	**17**	**dix-sept**	[disɛt]	**19**	**dix-neuf**	[disnœf]
12	**douze**	[duz]	**14**	**quatorze**	[katɔʀz]	**16**	**seize**	[sɛz]	**18**	**dix-huit**	[dizɥit]	**20**	**vingt**	[vɛ̃]

R4 Vor Nomen, die mit einem **Konsonanten** beginnen, wird der Endkonsonant der Zahlwörter ***six***, ***huit*** und ***dix*** nicht ausgesprochen.
Folgt dem Zahlwort ein Nomen, das mit **Vokal** beginnt, so wird das **Zahlwort gebunden**.

Beachte!

1. Wie beim unbestimmten Artikel wird ***un*** vor femininen Nomen zu ***une***:
   un atelier, ***une*** invitation.
2. Die Aussprache des Endkonsonanten von ***cinq*** vor konsonantisch anlautenden Nomen ist schwankend. Besonders in der Umgangssprache wird der Endkonsonant häufig ausgesprochen.
3. Folgt auf ***vingt*** ein Nomen, das mit Vokal oder stummem ***h*** beginnt, so wird ebenfalls gebunden.

Sur la scène, il y a vingt‿**a**cteurs.	[vɛ̃**t**aktœʀ]	Auf der Bühne sind 20 Schauspieler.
Il est vingt‿**h**eures.	[vɛ̃tœʀ]	Es ist 20 Uhr.

§11 Das Verb „avoir" (Präsens) – Le verbe « avoir » (présent)

Hier lernst du ein weiteres unregelmäßiges Verb kennen: ***avoir***.
Es ist neben ***être*** das am häufigsten verwendete Verb.

	avoir	**[avwaʀ]**	**haben**
j'	**ai**	[ʒe]	ich habe
tu	**as**	[tya]	du hast
il	**a**	[ila]	er hat
elle		[ɛla]	sie
on		[ɔ̃na]	man
nous	**avons**	[nuzavɔ̃]	wir haben
vous	**avez**	[vuzave]	ihr habt / Sie haben
ils	**ont**	[ilzɔ̃]	sie haben
elles		[ɛlzɔ̃]	

Achte auf die unterschiedliche Aussprache:

avoir ⟶ ils‿ont [ilzɔ̃] sie **haben**
être ⟶ ils sont [ilsɔ̃] sie **sind**

Tout compris ?

1. Ergänze durch eine Form von ***aller*** oder ***avoir*** und / oder durch ***à*** + bestimmter Artikel bzw. ***de*** + bestimmter Artikel.

   a) Tu ■ où aujourd'hui ? Tu ■ ■ cours de théâtre ou ■ cinéma ?
   – Je vais ■ cinéma. L'animateur n'est pas là aujourd'hui. Il ■ ■ concert.
   b) Bon, nous ■ ensemble ■ cinéma. Naïma et Mathilde ■ ■ MJC. Il y ■ un concert.
   c) Vous ■ ■ atelier photo ? – Non, nous ■ ■ fête de Nicolas.
   – Vous ■ les photos ■ quartier ? – Non, nous ■ les photos ■ concert et ■ cours de théâtre.
   Julien ■ les photos ■ quartier.

2. Welche Zahlen hört der Kunde am anderen Ende der Leitung? Schreibe die Zahlen aus.

3. Stelle Entscheidungsfragen und Ergänzungsfragen mit ***est-ce que***.
   Du willst wissen…

   a) ob Marc ins Kino geht (du sprichst ihn persönlich an);
   b) was Elodie heute macht (du sprichst sie persönlich an);
   c) ob Nicolas und Marc Fußball mögen;
   d) ob Eric und Jérémy das Fußballspiel ansehen (du sprichst sie persönlich an);
   e) was ihr macht (du beziehst dich selbst mit ein);
   f) ob es heute ein Konzert gibt.

▶ Die Lösungen findest du auf Seite 62.

Leçon 3

§12 Die Possessivbegleiter – Les adjectifs possessifs

W Du kennst bereits die unbestimmten und bestimmten Artikel im Singular und Plural (§§ 2 und 4).
Sie sind immer Begleiter eines Nomens, z. B.: ***un*** *acteur*, ***la*** *copine*, ***des*** *rues*.

NEU Außer dem Artikel können auch andere Begleiter vor dem Nomen stehen, z. B.: die **Possessivbegleiter** (deutsch: mein(e), dein(e), sein(e)/ihr(e), unser(e)…).
Sie drücken ein **Besitzverhältnis** oder eine **Zugehörigkeit** aus.
Schau dir zunächst die Formen des Possessivbegleiters an, die sich auf **einen** „Besitzer“ beziehen.

– Voilà	**mon**	père,	**ma**	mère,	**mes** **mes**	frères et sœurs.	Da ist **mein** Vater, **meine** Mutter, **meine** Brüder und **meine** Schwestern.
– Où sont	**ton**	père,	**ta**	mère,	**tes** **tes**	frères et sœurs ?	Wo sind **dein** Vater, **deine** Mutter, **deine** Brüder und **deine** Schwestern?
– Eric discute avec	**son**	père,	**sa**	mère,	**ses** **ses**	frères et sœurs.	Eric unterhält sich mit **seinem** Vater, **seiner** Mutter, **seinen** Brüdern und Schwestern.
– Léa discute avec	**son**	père,	**sa**	mère,	**ses** **ses**	frères et sœurs.	Léa unterhält sich mit **ihrem** Vater, **ihrer** Mutter, **ihren** Brüdern und Schwestern.

R1 Die Possessivbegleiter richten sich nach dem **Genus und dem Numerus des folgenden Nomens**, nicht nach dem Genus des „Besitzers“. Im **Singular** muss man zwischen **maskulin** und **feminin** unterscheiden, im **Plural** gibt es jeweils **nur eine Form**.

☞ **Beachte!**

– C'est **ton** ‿**a**telier ?	– Oui, c'est **mon** ‿**a**telier.	= **un** atelier *(m.)*
– C'est **ton** ‿**i**dée ?	– Oui, c'est **mon** ‿**i**dée.	= **une** idée *(f.)*
– C'est **son** ‿**h**istoire ?	– Oui, c'est **son** ‿**h**istoire.	= **une** histoire *(f.)*

R2 Folgt dem Possessivbegleiter ein Nomen im Singular, das mit einem **Vokal** oder stummen ***h*** beginnt, so steht **immer die maskuline Form *mon* / *ton* / *son***, auch wenn das Nomen feminin ist.

Schau dir nun die Formen der Possessivbegleiter an, die sich auf **mehrere** „Besitzer“ beziehen.

	m./f.			
– Voilà	**notre**	copain	Eric.	Da ist **unser** Freund Eric.
– Et voilà	**votre**	copine	Malika.	Da ist **eure** Freundin Malika.
– Ils sont à	**leur**	atelier photo	à la MJC.	Sie sind in **ihrem** Fotokurs im Jugendzentrum.

R3 Beziehen sich die Possessivbegleiter auf **mehrere** „Besitzer“ und steht das folgende Wort im **Singular**, dann verwendet man immer ***notre / votre / leur***.

	m./f.		
– Où sont	**nos**	copains Julien et Marie ?	Wo sind **unsere** Freunde Julien und Marie ?
– Et où sont	**vos**	copines Malika et Naïma ?	Und wo sind **eure** Freundinnen Malika und Naïma ?
– Nicolas et Zoé cherchent	**leurs**	copains et copines.	Nicolas und Zoé suchen **ihre** Freunde und Freundinnen.

R4 Beziehen sich die Possessivbegleiter auf **mehrere** „Besitzer“ und steht das folgende Nomen im **Plural**, dann verwendet man immer ***nos / vos / leurs***.

Zusammenfassung:

ein „Besitzer“	**Maskulinum**		**Femininum**	
Nomen im Singular	**mon** copain / **mon‿ami**	mein Freund	**ma** copine / **mon‿amie**	meine Freundin
	ton copain / **ton‿ami**	dein Freund	**ta** copine / **ton‿amie**	deine Freundin
	son copain / **son‿ami**	sein / ihr Freund	**sa** copine / **son‿amie**	seine / ihre Freundin
	Maskulinum / Femininum			
Nomen im Plural	**mes** copains / copines		meine Freunde / Freundinnen	
	tes copains / copines		deine Freunde / Freundinnen	
	ses copains / copines		seine Freunde / Freundinnen; ihre Freunde / Freundinnen	
mehrere „Besitzer“	**Maskulinum / Femininum**			
Nomen im Singular	**notre** copain / copine		unser Freund / unsere Freundin	
	votre copain / copine		euer / Ihr Freund; eure / Ihre Freundin	
	leur copain / copine		ihr / ihre Freund(in)	
Nomen im Plural	**nos** copains / copines		unsere Freunde / Freundinnen	
	vos copains / copines		eure Freunde / Freundinnen, Ihre Freunde / Freundinnen	
	leurs copains / copines		ihre Freunde / Freundinnen	

§13 Der Imperativ – L'impératif

Im Französischen gibt es unterschiedliche Formen des Imperativs.
Schau dir die Beispiele an:

– **Regarde** les photos de Marie.	Schau dir Maries Fotos an!
– **Regardez**, monsieur Rollin. On commence.	Schauen Sie, Herr Rollin! Wir fangen an.
– Julien et Pauline, **restez** encore.	Julien und Pauline, bleibt noch!
– Il est cinq heures. **Rentrons**, les enfants.	Es ist 5 Uhr. Kinder, lasst uns nach Hause gehen!

R5 Der **Imperativ Singular** hat meistens dieselbe Form wie die 1. Person Singular Präsens des Verbs: ***Regarde.*** ◀ Je regarde…

R6 Die **Imperative Plural** haben meistens dieselbe Form wie die 1. und 2. Person Plural Präsens des Verbs. Die **2. Person Plural** entspricht auch der **Höflichkeitsform.**
Regardons ◀ nous regardons ***Regardez*** ◀ vous regardez

Es gibt einige unregelmäßige Imperative.
Lerne vor allem bei unregelmäßigen Verben immer gleich den Imperativ mit.

Beachte!

Va au marché.	[va]	◀ (aber: je vais)	Geh zum Markt!
Allons au marché.	[alɔ̃]		Lasst uns zum Markt gehen!
Allez au marché.	[ale]		Geht … ! / Gehen Sie zum Markt!

§14 Das Verb „prendre" (Präsens) – Le verbe « prendre » (présent)

	prendre	**[pʀɑ̃dʀ]**	**nehmen**	
je	pren**ds**	[ʒəpʀɑ̃]	ich nehme	**Imperativ:**
tu	pren**ds**	[typʀɑ̃]	du nimmst	Prends…
il / elle / on	pren**d**	[il/ɛl/ɔ̃pʀɑ̃]	er / sie / man nimmt	Prenons… Prenez…
nous	pre**nons**	[nupʀənɔ̃]	wir nehmen	**Ebenso:**
vous	pre**nez**	[vupʀəne]	ihr nehmt / Sie nehmen	comprendre (verstehen)
ils / elles	pre**nnent**	[il/ɛlpʀɛn]	sie nehmen	

§15 Fragen stellen (3) – Poser des questions

W In § 9 hast du gelernt, dass man **Ergänzungsfragen** auch mit ***est-ce que*** bilden kann.

– **Qu'**	est-ce qu'	on	fait	maintenant ?	Was machen wir jetzt?

EU Hier lernst du nun weitere Beispiele für Ergänzungsfragen mit ***est-ce que*** kennen:

– **Où**	est-ce que	tu	vas	aujourd'hui ?	**Wo** gehst du heute hin?
– **Pourquoi**	est-ce que	Marie	fait	ça ?	**Warum** macht Marie das?
– **Quand**	est-ce que	tu	rentres ?		**Wann** kommst du nach Hause?
– **Comment**	est-ce qu'	ils	jouent	la scène ?	**Wie** spielen sie die Szene?
↑ **Fragewort**	**est-ce qu'** **est-ce que**	↑ **Subjekt**	↑ **Verb**	↑ **Ergänzung**	◀ **Stellung wie im Aussagesatz**

Schau dir nun folgende Ergänzungsfragen an:

– Tu vas	**où ?**	**Wohin** gehst du?
– Vous rentrez	**quand ?**	**Wann** kommt ihr nach Hause?
– Elle joue	**comment ?**	**Wie** spielt sie?

R7 In der **Umgangssprache** werden die Ergänzungsfragen häufig **ohne *est-ce que*** gebildet. Das Fragewort tritt dann **hinter** das Verb. Die Intonationskurve steigt an.

Beachte!

– **Que** fait Marie ? Was macht Marie? – **Où** sont les filles ? Wo sind die Mädchen?

Verwende ***Que…***, ***Où…*** (Was …? Wo …?) bei kurzen Ergänzungsfragen, wenn das **Subjekt** ein **Name** oder **Nomen** ist. Die Satzstellung ist dann wie im Deutschen: Das Subjekt steht **nach** dem Verb.

§16 Die Zahlen (2): von 21 bis 69 – Les nombres de 21 à 69

W Aus § 10 kennst du bereits die Zahlen von 1 bis 20.

EU Nun lernst du die Zahlen von 21 bis 69 kennen.

20	**vingt**	[vɛ̃]	**31**	**trente-et-un**	[tʀɑ̃teɛ̃]
21	**vingt-et-un**	[vɛ̃teɛ̃]	**32**	**trente-deux**	[tʀɑ̃tdø]
22	**vingt-deux**	[vɛ̃tdø]	**40**	**quarante**	[kaʀɑ̃t]
23	**vingt-trois**	[vɛ̃ttʀwa]	**41**	**quarante-et-un**	[kaʀɑ̃teɛ̃]
24	**vingt-quatre**	[vɛ̃tkat(ʀ)]	**42**	**quarante-deux**	[kaʀɑ̃tdø]
25	**vingt-cinq**	[vɛ̃tsɛ̃k]	**50**	**cinquante**	[sɛ̃kɑ̃t]
26	**vingt-six**	[vɛ̃tsis]	**51**	**cinquante-et-un**	[sɛ̃kɑ̃teɛ̃]
27	**vingt-sept**	[vɛ̃tsɛt]	**52**	**cinquante-deux**	[sɛ̃kɑ̃tdø]
28	**vingt-huit**	[vɛ̃tɥit]	**60**	**soixante**	[swasɑ̃t]
29	**vingt-neuf**	[vɛ̃tnœf]	**61**	**soixante-et-un**	[swasɑ̃teɛ̃]
30	**trente**	[tʀɑ̃t]	**69**	**soixante-neuf**	[swasɑ̃tnœf]

Zwischen den Zahlen steht immer ein Bindestrich: **vingt-et-un**

Beachte! Bei den Zahlen 21, 31, 41, 51, 61 wird die **1** jeweils mit ***et*** angeschlossen. Vor einem **femininen Nomen** wird aus dem ***un*** ein ***une*** : quarante-et-***un*** messages, quarante-et-***une*** crêpes.

§17 Das direkte und indirekte Objekt im Satz – L'object direct et indirect dans la phrase

Auch im Französischen wird zwischen dem direkten und dem indirekten Objekt unterschieden. Schau dir die folgenden Beispielsätze an.

Marie	raconte	**une histoire.**	
Marie	erzählt	eine Geschichte.	
Marie	raconte	**une histoire** ▲	**à sa mère.** ▲
	Französisch:	**direktes Objekt**	**indirektes Objekt**
Marie	erzählt	ihrer Mutter ▼	eine Geschichte. ▼
	Deutsch:	**indirektes Objekt** (Frage „Wem?")	**direktes Objekt** (Frage „Wen oder was?")

R8 Das **direkte Objekt** folgt dem Verb **direkt**, also ohne Präposition.
Beim **indirekten Objekt** steht vor dem Objekt meistens die Präposition ***à***.
Abweichend vom Deutschen steht im Französischen das direkte Objekt **vor** dem indirekten Objekt.

Beachte!

Julien téléphone **à Marie**.	(= indirektes Objekt)	Julien ruft **Marie** an.	(= direktes Objekt)
Naïma écoute **son frère**.	(= direktes Objekt)	Naïma hört **ihrem Bruder** zu.	(= indirektes Objekt)

Im Französischen gibt es Verben, die ein anderes Objekt haben als die entsprechenden deutschen Verben. Lerne deshalb die französischen Verben immer zusammen mit den Ergänzungen, z. B.:

écouter **qn**	**aber:**	**jdm** zuhören
demander **(qc) à qn**		**jdn (nach etwas)** fragen, **jdn (um etwas)** bitten,
téléphoner **à qn**		**jdn** anrufen

Tout compris ?

1. Setze die passenden Possessivbegleiter ein.

   a) Sarah fait la tête : « Où est ■ chien ? » (mein)
   b) Elle explique ■ problème à Jérémy. (ihr)
   c) Le frère écoute ■ sœur. (seiner)
   d) Puis, ils cherchent ■ chien. (ihren)
   e) Ils demandent à ■ voisins : « Où est ■ chien ? » (ihre/unser)
   f) Un voisin, monsieur Dufour, demande :
   « ■ chien ? Mais regardez : il est ici, dans ■ jardin. » (euer/unserem)
   g) Monsieur Dufour montre ■ jardin à ■ voisins. (seinen/seinen)
   h) « Ecoute Goliath, ■ amis sont là ! » (deine)

2. Verwende die passenden Imperativformen.

   a) Sag deiner Freundin/deinem Freund, dass sie/er die Hausaufgaben machen soll.
   b) Fordere deine Freunde auf, mit dir ins Kino zu gehen.
   c) Die Mutter sagt dir und deinem Freund/deiner Freundin, dass ihr um 10 Uhr nach Hause kommen sollt.
   d) Fordere deinen Freund/deine Freundin auf, das Handy zu nehmen und die Nummer 01 53 29 64 47 zu wählen.

3. Bilde Fragen und setze die französischen Fragewörter mit oder ohne *est-ce que* ein.

   a) ■ tu fais aujourd'hui ? (Was?)
   b) ■ fait Naïma ? (Was?)
   c) ■ Anne téléphone à son prof ? (Warum?)
   d) ■ vous allez à la MJC ? (Wann?)
   e) ■ est Nicolas ? (Wo?)
   f) ■ font les acteurs ? (Was?)

4. Übersetze und achte auf die richtige Stellung des direkten und indirekten Objekts.

   a) Herr Rollin erklärt den Schauspielern eine Szene.
   b) Die Nachbarn zeigen Marie eine Annonce.
   c) Frau Laroche erzählt ihren Kindern eine Geschichte.
   d) Herr Laroche gibt seiner Tochter einen Brief.

5. Schreibe folgende Eurobeträge in Worten:

   a) 34 €
   b) 66 €
   c) 41 €
   d) 27 €
   e) 59 €

▶ Die Lösungen findest du auf Seite 63.

Leçon 4

§18 Die Verben „lire, dire, écrire" (Präsens) – Les verbes « lire, dire, écrire » (présent)

Mit *lire, dire* und *écrire* lernst du drei weitere unregelmäßige Verben kennen.

	lire	**[liʀ]**	**lesen**
je	li**s**	[ʒəli]	ich lese
tu	li**s**	[tyli]	du liest
il		[illi]	er
elle	li**t**	[ɛlli]	sie } liest
on		[õli]	man
nous	lis**ons**	[nulizõ]	wir lesen
vous	lis**ez**	[vulize]	ihr lest / Sie lesen
ils	lis**ent**	[illiz]	sie lesen
elles		[ɛlliz]	
Imperativ: Lis…	Lisons…	Lisez…	

	dire	**[diʀ]**	**sagen**
je	di**s**	[ʒədi]	ich sage
tu	di**s**	[tydi]	du sagst
il		[ildi]	er
elle	di**t**	[ɛldi]	sie } sagt
on		[õdi]	man
nous	dis**ons**	[nudizõ]	wir sagen
vous	**dites**	[vudit]	ihr sagt / Sie sagen
ils	dis**ent**	[ildiz]	sie sagen
elles		[ɛldiz]	
Imperativ: Dis…	Disons…	Dites…	

	écrire	**[ekʀiʀ]**	**schreiben**
j'	écri**s**	[ʒekʀi]	ich schreibe
tu	écri**s**	[tyekʀi]	du schreibst
il		[ilekʀi]	er
elle	écri**t**	[ɛlekʀi]	sie } schreibt
on		[õnekʀi]	man
nous	écriv**ons**	[nuzekʀivõ]	wir schreiben
vous	écriv**ez**	[vuzekʀive]	ihr schreibt / Sie schreiben
ils	écriv**ent**	[ilzekʀiv]	sie schreiben
elles		[ɛlzekʀiv]	
Imperativ: Ecris…	Ecrivons…	Ecrivez…	

> lire, dire, écrire haben im Singular dieselben Endungen: -s, -s, -t.

§19 Die Verneinung (1) – La négation

Du lernst nun, wie man im Französischen Sätze **verneinen** kann.

– Tu téléphones à Frédéric ?	– Non, je **ne téléphone pas** à Frédéric.	Nein, ich rufe Frédéric nicht an.
– Pourquoi ?	– Je **n'ai pas** mon portable.	Ich habe mein Handy nicht dabei.
– Il habite encore ici ?	– Non, il **n'habite plus** ici.	Nein, er wohnt nicht mehr hier.

R1 Im Französischen wird die Verneinung mit den **Verneinungswörtern *ne… pas*** oder ***ne… plus*** gebildet. Sie umschließen das konjugierte Verb wie eine Klammer. Vor Vokal und stummem ***h*** wird ***ne*** zu ***n'*** verkürzt.

Beachte!

1. **geschrieben:** Je **ne** téléphone **pas**.
   gesprochen: [ʒənətelefɔnpa] oder [ʒə**n**telefɔnpa]
   Die Franzosen sprechen das ***ne*** häufig [n] aus.
   In der Umgangssprache lassen sie das ***ne*** häufig ganz weg: [ʒ(ə)telefɔnpa]
2. – Tu fais tes devoirs ? – Oui, oui, mais **pas** maintenant. Ja, ja, aber nicht jetzt.
   Das ***ne*** entfällt in verkürzten Sätzen ohne Verb.
3. Le prof **n'**explique **plus** les notes ? – **Si**, mais pas toujours. **Doch**, aber nicht immer.
   Die positive Antwort auf eine verneinte Frage beginnt mit ***si***.

§ 20 Die Uhrzeit – L'heure

Nun lernst du, wie man im Französischen die Uhrzeit angibt.

1. Il est quelle heure ?		Wie spät ist es?
Il est **une** heure.	[ynœʀ]	Es ist ein Uhr.
Il est **trois** heure**s**.	[tʀwazœʀ]	Es ist drei Uhr.
Il est **dix** heure**s**.	[dizœʀ]	Es ist zehn Uhr.
Il est **midi**.	[midi]	Es ist zwölf Uhr (mittags).
Il est **minuit**.	[minɥi]	Es ist zwölf Uhr (nachts).

R2 Im Französischen wird die Uhrzeit mit ***heure*** (= Stunde) angegeben. ***Heure*** ist **feminin**, deshalb heißt es *Il est une heure*. Ab *deux heures* hat *heure* immer ein **Plural *-s***.
Für **„zwölf Uhr"** sagt man ***midi*** (= mittags) und ***minuit*** (= Mitternacht).

2. Il est quelle heure ?		
Il est trois heures **et quart**.	[ekaʀ]	Es ist Viertel nach drei.
Il est cinq heures **moins le quart**.	[mwɛ̃lkaʀ]	Es ist Viertel vor fünf.
Il est quatre heures **et demie**.	[ed(ə)mi]	Es ist halb fünf.

R3 Bei „Viertel nach…" (*… et quart*) steht **kein** Artikel.
Bei „Viertel vor…" (*moins le quart*) **muss** der **bestimmte** Artikel stehen.
Bei der **halben Stunde** (*… et demie*) geht man von der **vorausgehenden Stunde** aus.

Beachte!

Il est **une heure cinq**.	Es ist fünf **nach** eins.
Il est **une heure dix**.	Es ist **zehn nach** eins.
Il est **une heure vingt**.	Es ist **zwanzig nach eins**.
Il est **une heure vingt-cinq**.	Es ist **fünf vor halb zwei**.
Il est **quatre heures moins vingt-cinq**.	Es ist **fünf nach halb vier**.
Il est **quatre heures moins vingt**.	Es ist **zwanzig vor vier**.
Il est **quatre heures moins dix**.	Es ist **zehn vor vier**.

Zusammenfassung:

– Il est quelle heure ?
– Il est…

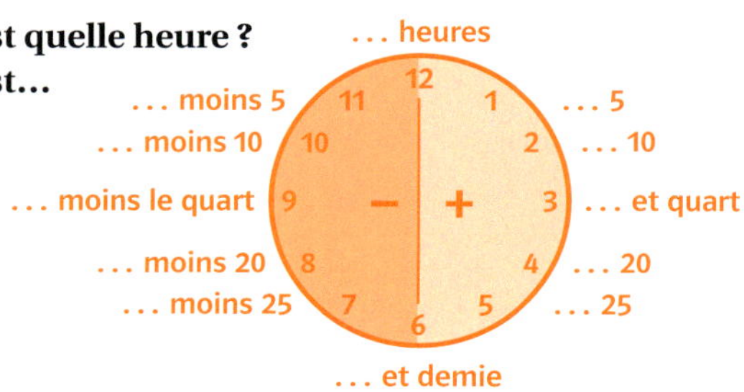

Bei **offiziellen Zeitangaben** (z. B. im Radio, bei Durchsagen im Bahnhof etc.) werden die Minuten zur vorhergehenden Stunde hinzugezählt. Viertel- und halbe Stunde werden durch Ziffern ersetzt.

13:01	treize heures une
17:30	dix-sept heures trente
16:15	seize heures quinze
19:45	dix-neuf heures quarante-cinq

§ 21 Das „Futur composé" – Le « futur composé »

W Aus § 6 kennst du schon die Formen des Verbs **aller**.

je	**vais**	nous	**allons**
tu	**vas**	vous	**allez**
il/elle/on	**va**	ils/elles	**vont**

EU Nun lernst du, wie man mit den Formen von ***aller*** im Französischen zukünftige Handlungen ausdrückt.

Demain, je	**vais**	**avoir**	une interrogation.	Morgen werde ich eine Klassenarbeit schreiben.
Nous	**allons**	**rentrer**	à trois heures et demie.	Wir werden um halb vier nach Hause kommen.
Mes parents	**ne vont pas**	**être**	à la maison.	Meine Eltern werden **nicht** zu Hause sein.
Je	**ne vais plus**	**oublier**	mes devoirs.	Ich werde meine Hausaufgaben **nicht mehr** vergessen.

R4 Das ***Futur composé*** (= das zusammengesetzte Futur) wird mit einer **Präsensform** von ***aller*** und dem **Infinitiv des Verbs** gebildet. Es drückt Handlungen oder Ereignisse aus, die in der Zukunft stattfinden.
Die **Verneinung** umklammert die **konjugierte Form** des Verbs ***aller***.

§ 22 Die indirekte Rede / Die indirekte Frage – Le discours indirect / L'interrogation indirecte

Mit der **indirekten Rede** oder **indirekten Frage** kannst du Äußerungen oder Fragen von anderen Personen wiedergeben.

Jérôme dit :		« Marc fait ses devoirs. »	Jérôme sagt: „Marc macht seine Hausaufgaben."
Jérôme dit	**que**	Marc fait ses devoirs.	Jérôme sagt, dass Marc seine Hausaufgaben macht.
Jérôme dit :		« Il travaille vite. »	Jérôme sagt: „Er arbeitet schnell."
Jérôme dit	**qu'**	il travaille vite.	Jérôme sagt, dass er schnell arbeitet.

R5 Die indirekte Rede wird durch die **Konjunktion *que*** („dass") eingeleitet.
Vor Vokal wird ***que*** zu ***qu'*** verkürzt. Die **Wortstellung** ist dieselbe wie in der direkten Rede.

Jérôme demande à Marc :		« Est-ce que Nathalie travaille aussi pour l'interro ? »	Jérôme fragt Marc: „Arbeitet Nathalie auch für die Klassenarbeit?"
Jérôme demande à Marc	**si**	Nathalie travaille aussi pour l'interro.	Jérôme fragt Marc, ob Nathalie auch für die Klassenarbeit arbeitet.
Jérôme demande à Marc :		« **Tu** travaille**s** avec **ta** copine ? »	Jérôme fragt Marc: „Arbeitest du mit deiner Freundin?"
Jérôme demande à Marc	**s'**	**il** travaill**e** avec **sa** copine.	Jérôme fragt Marc, ob er mit seiner Freundin arbeitet.

R6 Die **indirekte Entscheidungsfrage** wird durch ***si*** („ob") eingeleitet.
Vor *il / ils* wird ***si*** zu ***s'*** verkürzt, nicht aber vor ***elle / elles***.
Personalpronomen, **Verben** und **Possessivbegleiter** müssen angeglichen werden.

Beachte!

🇫🇷	Nathalie dit	**qu'**	elle ne travaille pas aujourd'hui.
🇬🇧	Catherine says		she doesn't work today.
🇩🇪	Nathalie sagt,		sie arbeite heute nicht.

Anders als im Deutschen und Englischen, wo man auf *dass* bzw. *that* verzichten kann, muss im Französischen das *que* immer stehen. Vor *que* und *si* steht kein Komma.

§ 23 Die Verneinung (2) – La négation

W In § 19 hast du schon die Verneinungen ***ne... pas*** und ***ne... plus*** kennen gelernt.

NEU Wie verhält es sich mit der Verneinung, wenn ihr ein Nomen folgt? Schau dir die Beispiele an:

– Tu as **un** chien ?	– Non, je **n'**ai **pas de** chien.	Nein, ich habe **keinen** Hund.
– Mais tu as encore **des** chats ?	– Non, je **n'**ai **plus de** chats.	Nein, Ich habe **keine** Katzen **mehr**.
– Ah bon ? Mais tu as **des** amis ?	– Non, je **n'**ai **pas d'**amis.	Nein, ich habe **keine** Freunde.
– Pascal, c'est **une** fille ?	– Non, ce **n'**est **pas une** fille, c'est un garçon.	Nein, das ist **kein** Mädchen, das ist ein Junge.
– Ce sont **des** amis ?	– Non, ce **ne** sont **pas des** amis.	Nein, das sind **keine** Freunde.
– Tu aimes **les** surprises ?	– Non, je **n'**aime **pas les** surprises.	Nein, ich mag **keine** Überraschungen.

R7 Wird der unbestimmte Artikel verneint, so steht statt *un/une* oder *des* in der Regel ***de/d'*** vor dem Nomen.

Aber: Nach **verneintem *être*** steht **derselbe Begleiter** wie im bejahten Satz.
Nach **verneintem *aimer*** steht der **bestimmte Artikel**.

§ 24 Die Zahlen (3): von 70 bis 1000 – Les nombres de 70 à 1000

W Aus den §§ 10 und 16 kennst du bereits die Zahlen von 1–69.

EU Nun lernst du die Zahlen von **70–1000**.

70	**soixante-dix**	**80**	**quatre-vingts**	**90**	**quatre-vingt-dix**
71	**soixante-et-onze**	**81**	**quatre-vingt-un** [katʀəvɛ̃ɛ̃]	**91**	**quatre-vingt-onze** [katʀəvɛ̃ɔ̃z]
72	soixante-douze	**82**	quatre-vingt-deux	**92**	quatre-vingt-douze
73	soixante-treize	**83**	quatre-vingt-trois	**93**	quatre-vingt-treize
74	soixante-quatorze	**84**	quatre-vingt-quatre	**94**	quatre-vingt-quatorze
75	soixante-quinze	**85**	quatre-vingt-cinq	**95**	quatre-vingt-quinze
76	soixante-seize	**86**	quatre-vingt-six	**96**	quatre-vingt-seize
77	soixante-dix-sept	**87**	quatre-vingt-sept	**97**	quatre-vingt-dix-sept
78	soixante-dix-huit	**88**	quatre-vingt-huit	**98**	quatre-vingt-dix-huit
79	soixante-dix-neuf	**89**	quatre-vingt-neuf	**99**	quatre-vingt-dix-neuf

Beachte!

- **Alle zusammengesetzten Zahlen** werden **mit Bindestrich** verbunden.
- Die Zahl **71** wird wie die Zahlen **21**, **31**, **41**, **51** und **61** mit ***et*** gebildet.
- Die Zahlen **70 bis 79** werden folgendermaßen gebildet: 60 + 10, 60 + 11, 60 + 12 usw.
- Die Zahl **80** entspricht 4 x 20.
- Die Zahlen **81 bis 99** werden folgendermaßen gebildet: 80 + 1, 80 + 2, ... 80 + 11 usw.
- Folgt auf 80 ein Nomen, so wird 80 **mit -s** geschrieben: quatre-vingt**s** élève**s**,
  folgt eine Zahl, so wird 80 **ohne -s** geschrieben: quatre-ving**t**-dix-sept.

100	**cent** [sɑ̃]	**200**	**deux-cents**	**300**	**trois-cents**
101	**cent-un** [sɑ̃ɛ̃]	**201**	deux-cent-**un** [døsɑ̃ɛ̃]	**400**	quatre-cent**s** [kat(ʀə)sɑ̃]
110	cent-dix	**202**	deux-cent-**deux**	**500**	cinq-cent**s** [sɛ̃sɑ̃]
150	cent-cinquante	**209**	deux-cent-**neuf**	**600**	six-cent**s**
170	cent-soixante-dix	**217**	deux-cent-**dix-sept**	**700**	sept-cent**s**
180	**cent-quatre-vingts**	**252**	deux-cent-**cinquante-deux**	**800**	huit-cent**s** [ɥisɑ̃]
190	**cent-quatre-vingt-dix**	**271**	deux-cent-**soixante-et-onze**	**900**	neuf-cent**s**
199	cent-quatre-vingt-dix-neuf	**299**	**deux-cent-quatre-vingt-dix-neuf**	**1000**	**mille** [mil]

Beachte:

- **Ab 200** haben die **vollen Hunderter** ein **Plural-*s*** (deux-cent**s**).
- Folgt den Hundertern **eine weitere Zahl**, so haben sie **kein Plural-*s*** (deux-cent-trente).

Tout compris ?

1. Setze die passenden Formen von ***lire***, ***dire*** und ***écrire*** ein.

   a) – Qu'est-ce que tu ■ ? – Je ■ la lettre de Marc. Il est à Toulouse.
   b) – En France, on ■ « salut » au prof ? – Non, nous ■ « Bonjour, monsieur. ».
   c) – Vous ■ encore des lettres ? – Non, nous ■ des SMS.

2. Benutze bei der Beantwortung der Fragen die Verneinungen ***ne… pas*** oder ***ne… plus***. Achte auf den **Anschluss des Nomens** nach der Verneinung.

   a) – Tu prends des photos ? – Non, …
   b) – Vous allez encore au collège ? – Non, …
   c) – Tes copains écrivent encore des lettres ? – Non, …
   d) – Tu vas visiter le square Trousseau ? – Non, …, mais la place de la Bastille.
   e) – Vous avez rendez-vous avec Max au café ? – Non, …, mais devant le cinéma Bastille.
   f) – Emilie et Nathalie, ce sont des amies ? – Non, …
   g) – Tu aimes le skate ? – Non, …

3. Welches ist die richtige Übersetzung für die angegebene Uhrzeit?

   a) Il est – quatre heures et quinze.
   – quatre heures et quart.
   – quinze après quatre.

   b) Il est – trente avant six.
   – six heures moins demie.
   – cinq heures et demie.

   c) Il est – six heures et dix.
   – six heures dix.
   – dix après six.

   d) Il est – quatre heures moins le quart.
   – trois heures quarante.
   – quatre heures moins vingt.

4. Marie ruft Marc an. Marc berichtet, was sie sagt und fragt. Versetze dich in die Rolle von Marc und benutze dabei die indirekte Rede und die indirekte Frage.

   a) – J'arrive à 4 heures. – Elle dit…
   b) – Michael va arriver à 4 heures et quart. – Elle…
   c) – Tu vas être là aussi ? – Elle…
   d) – Est-ce qu'on va aller au cinéma ? – Elle…
   e) – Tu arrives avec ta copine ? – Elle…
   f) – J'aime le cinéma. – Elle…

5. Schreibe die Zahlen in Ziffern in dein Heft.

   a) cent-quatre-vingt-treize
   b) neuf-cent-soixante-dix-huit
   c) huit-cent-cinquante-et-un
   d) six-cent-soixante-et-onze
   e) quatre-vingt-un

▶ Die Lösungen findest du auf den Seiten 63–64.

Leçon 5

§ 25 Die direkten und indirekten Objektpronomen – Les pronoms objets directs et indirects

In § 17 hast du den Unterschied zwischen direktem und indirektem Objekt kennen gelernt.

Nun lernst du, wie man die **direkten** und **indirekten Objekte** durch **Pronomen** ersetzen kann.

1. Formen der direkten Objektpronomen

	– Tu	**me**	comprends ?	**mich**
	– Oui, je	**te**	comprends très bien.	**dich**
– Tu regardes **le match** ?	– Oui, je	**le**	regarde.	**es**
– Tu cherches **Zoé** ?	– Oui, je	**la**	cherche.	**sie**
– Tu aimes **Julien** ?	– Oui, je	**l'**	aime.	**ihn**
	– Tu	**nous**‿	invites ?	**uns**
	– D'accord, je	**vous**‿	invite bientôt.	**euch / Sie**
– Tu cherches **Marc et Ludo** ?	– Oui, je	**les**	cherche.	**sie**
– Tu regardes **les photos** ?	– Oui, je	**les**	regarde.	**sie**

R1 Die direkten Objektpronomen der **1.** und **2. Person Singular** und **Plural** lauten ***me, te, nous, vous***.
Die direkten Objektpronomen der **3. Person Singular** und **Plural** lauten ***le, la, l', les***.

2. Formen der indirekten Objektpronomen

	– Tu	**me**	montres les photos ?	**mir**
	– Oui, je	**te**	montre les photos.	**dir**
– Tu montres les photos **à Julien** ?	– Oui, je	**lui**	montre les photos.	**ihm**
– Tu montres les photos **à Marie** ?	– Oui, je	**lui**	montre les photos.	**ihr**
	– Tu	**nous**‿	expliques le problème ?	**uns**
	– Oui, je	**vous**‿	explique le problème.	**euch / Ihnen**
– Tu écris **à tes copains** ?	– Oui, je	**leur**	écris.	**ihnen**
– Tu écris **à tes copines** ?	– Oui, je	**leur**	écris.	**ihnen**

R2 Die indirekten Objektpronomen der **1.** und **2. Person Singular** und **Plural** lauten ***me, te, nous, vous***.
Die indirekten Objektpronomen der **3. Person Singular** und **Plural** lauten ***lui*** und ***leur***.

Zusammenfassung:

	Person	direktes Objekt *m.* *f.*		indirektes Objekt
Sg.	1.		**me**	
	2.		**te**	
	3.	**le** **l'** **la**		**lui**
Pl.	1.		**nous**	
	2.		**vous**	
	3.	**les**		**leur**

Die direkten und indirekten Objektpronomen der 1. und 2. Person Singular und Plural haben im Französischen die gleiche Form. Das ist einfacher als im Deutschen!

Beachte!

Bei ***leur*** musst du deutlich unterscheiden: Es kann **Objektpronomen** oder **Possessivbegleiter** (§ 12) sein. Wie kannst du die beiden auseinander halten?

Elle leur **montre** une chambre.
Sie zeigt ihnen ein Zimmer.

Elle leur **montre** les chambres.
Sie zeigt ihnen die Zimmer.

Folgt auf *leur* ein Verb, ist *leur* Objektpronomen und **unveränderlich**.

C'est leur **chambre**.
Das ist ihr Zimmer.

Ce sont leurs **chambres**.
Das sind ihre Zimmer.

Folgt auf *leur* ein Nomen, ist *leur* Possessivbegleiter und **veränderlich** (*leur*/*leurs*).

3. Stellung der direkten und indirekten Objektpronomen

Je te comprends bien. — Ich verstehe **dich** gut.

Mais toi, tu **ne** m' écoutes **pas**. — Aber du hörst **mir** nicht zu.

R3 Im Gegensatz zum Deutschen stehen die Objektpronomen im Französischen **vor dem Verb**, auf das sie sich beziehen. Die **Verneinung** umschließt **Objektpronomen** und **konjugiertes Verb**.

Je vais te montrer le Louvre. — Ich werde dir den Louvre zeigen.

Je **ne** vais **pas** te montrer la tour Eiffel. — Ich werde dir nicht den Eiffelturm zeigen.

R4 Beim **Futur composé** (***aller + faire***) stehen die Objektpronomen **vor dem Infinitiv**. Die **Verneinung** umschließt in diesem Fall **nur das konjugierte Verb**.

Beachte!

Nous, ***vous*** und ***les*** werden vor Vokal gebunden. Das ***-s*** wird dann **stimmhaft** ausgesprochen [z]:

– Tu **nous**‿**é**coutes ? [nuzekut] – Oui, je **vous**‿**é**coute. [vuzekut]
– Tu écoutes les CD ? – Oui, je **les**‿**é**coute. [lezekut]

§26 Die Verben auf *-ir*: „sortir, partir, dormir“ (Präsens)

Les verbes en *-ir* : « sortir, partir, dormir » (présent)

W Du kennst schon die regelmäßigen **Verben auf** ***-er***, wie z. B. regard**er**: je regard**e**, tu regard**es**, il/elle/on regard**e**, nous regard**ons**, vous regard**ez**, ils/elles regard**ent**.

IEU Mit ***sortir***, ***partir*** und ***dormir*** lernst du eine Gruppe **regelmäßiger Verben auf** ***-ir*** kennen:

	sortir	[sɔʀtiʀ]	**hinausgehen**
je	sor**s**	[ʒəsɔʀ]	ich gehe hinaus
tu	sor**s**	[tysɔʀ]	du gehst hinaus
il		[ilsɔʀ]	er
elle	sor**t**	[ɛlsɔʀ]	sie } geht hinaus
on		[õsɔʀ]	man
nous	sort**ons**	[nusɔʀtõ]	wir gehen hinaus
vous	sort**ez**	[vusɔʀte]	ihr geht hinaus / Sie gehen hinaus
ils	sort**ent**	[ilsɔʀt]	sie gehen hinaus
elles		[ɛlsɔʀt]	
Imperativ:	Sors.	Sortons.	Sortez.

	partir	[paʀtiʀ]	**weggehen / abfahren**
je	par**s**	[ʒəpaʀ]	ich gehe weg
tu	par**s**	[typaʀ]	du gehst weg
il		[ilpaʀ]	er
elle	par**t**	[ɛlpaʀ]	sie } geht weg
on		[õpaʀ]	man
nous	part**ons**	[nupaʀtõ]	wir gehen weg
vous	part**ez**	[vupaʀte]	ihr geht weg/ Sie gehen weg
ils	part**ent**	[ilpaʀt]	sie gehen weg
elles		[ɛlpaʀt]	
Imperativ:	Pars.	Partons.	Partez.

	dormir	[dɔʀmiʀ]	**schlafen**
je	dor**s**	[ʒədɔʀ]	ich schlafe
tu	dor**s**	[tydɔʀ]	du schläfst
il		[ildɔʀ]	er
elle	dor**t**	[ɛldɔʀ]	sie } schläft
on		[õdɔʀ]	man
nous	dorm**ons**	[nudɔʀmõ]	wir schlafen
vous	dorm**ez**	[vudɔʀme]	ihr schlaft/ Sie schlafen
ils	dorm**ent**	[ildɔʀm]	sie schlafen
elles		[ɛldɔʀm]	
Imperativ:	Dors.	Dormons.	Dormez.

R5 Diese Verben auf *-ir* haben die Endungen *-s*, *-s*, *-t*, *-ons*, *-ez*, *-ent*. Im Singular fällt der Endkonsonant des Infinitivstamms weg, im Plural bleibt er erhalten:
sort-ir → je sors, nous sort-ons.

§ 27 Das Adjektiv – L'adjectif

1. Die Stellung der Adjektive

Die Stellung des Adjektivs ist im Französischen anders als im Deutschen und Englischen:

C'est un portrait marrant. (portrait = Nomen, marrant = Adjektiv)

Das ist ein witziges Porträt. (witziges = Adjektiv, Porträt = Nomen) / That's a funny portrait. (funny = Adjektiv, portrait = Nomen)

R6 Im Gegensatz zum Deutschen und Englischen stehen im Französischen die **meisten** Adjektive **nach dem Nomen**.

C'est un joli portrait. Das ist ein hübsches Porträt.
C'est un grand chien. Das ist ein großer Hund.

R7 Im Französischen stehen nur **wenige** Adjektive **vor dem Nomen**. Es handelt sich aber um **sehr häufig benutzte Adjektive**.

Folgende Adjektive gehören u.a. zu dieser Gruppe:

petit	klein	**bon**	gut	**joli**	hübsch	**jeune**	jung
grand	groß	**mauvais**	schlecht	**autre**	andere(r, s)	**dernier**	letzte(r, s)

C'est un bon élève **en maths.** Das ist ein guter Schüler in Mathe.
L'élève **est** bon en maths. Der Schüler **ist** gut in Mathe.

R8 Wie im Deutschen kann das Adjektiv auch durch ein Verb (meist *être*) mit dem Nomen/Subjekt verbunden werden.

2. Die Angleichung der Adjektive

C'est **un** film	marrant.	[maʀɑ̃]
C'est **une** histoire	marrant**e**.	[maʀɑ̃t]
Ce sont **des** films	marrant**s**.	[maʀɑ̃]
Ce sont **des** histoires	marrant**es**.	[maʀɑ̃t]

Vergiss bei weiblich nie das -e,
denn ohne -e, das tut echt weh!

Denk daran: Les pères et les mères sont contents. (= ils) ♂♂ + ♀♀ = ♂♂

R9 Adjektive richten sich in **Genus** und **Numerus** nach dem **Nomen**, auf das sie sich beziehen.
Ist das **Nomen maskulin**, endet das Adjektiv **im Plural** auf *-s*.
Ist das **Nomen feminin**, endet das Adjektiv im **Singular** auf *-e* und im Plural auf *-es*.

Merke dir einige **Besonderheiten**:

1. Vor maskulinen Nomen, die mit **Vokal** oder **h** beginnen, wird der Endkonsonant des Adjektivs **gebunden**.

C'est un	gran**d**‿**a**telier.	[gʀɑ̃tatəlje]
Ce sont des	gran**ds**‿**a**teliers.	[gʀɑ̃zatəlje]

2. Adjektive, die im **Maskulinum** Singular schon **auf** *-s* enden, erhalten im Plural **kein weiteres** *-s*.

un mauvais film — **des** mauvais films — **Aber: des** mauvai**ses** chansons

3. Bei Adjektiven, die im Maskulinum Singular schon **auf** *-e* **enden**, gibt es **keinen** Unterschied zwischen Maskulinum und Femininum.

m.	*f.*
un garçon bizarr**e** des garçons bizarr**es**	une fille bizarr**e** des filles bizarr**es**
un jeun**e** artiste des jeun**es** artistes	une jeun**e** fille des jeun**es** filles

Zu diesen Adjektiven gehören auch:
impossible, autre, malade, pauvre.
Auch bei ***sympa*** gibt es keinen Unterschied zwischen Maskulinum und Femininum.

4. Manche Adjektive haben im Femininum **Sonderformen**. Lerne die männlichen und die weiblichen Formen am besten paarweise. Weitere Sonderformen im Femininum findest du auf Seite 69.

m.	*f.*
bon	bon**ne**
nul	nul**le**
dernier	derni**ère**
long	long**ue**

5. Einige wenige Adjektive sind im Singular und im Plural **unveränderlich** (vgl. S. 69):

un artiste cool	**un** super appartement
une fille cool	**une** super idée
des profs cool	**des** super notes

Tout compris ?

1. Antworte auf die Fragen und ersetze dabei den unterstrichenen Satzteil durch ein Pronomen.

a) – Tu aimes ton prof de maths ?
   – Oui, … bien. / Non, …
b) – Tu vas visiter le quartier Montmartre ?
   – Oui, … / Non, …
c) – Tu donnes le plan à Naïma ?
   – Oui, … / Non, …
d) – Vous allez nous montrer la tour Eiffel ?
   – Oui, … / Non, …
e) – Vous aimez les chansons de Yannick Noah ?
   – Oui, … / Non, …
f) – Tu m'écoutes ?
   – Oui, … / Non, …
g) – Tu écris à tes parents ?
   – Oui, … / Non, …

2. Setze die Verben ***sortir, partir*** und ***dormir*** in die richtige Form und schreibe die Sätze in dein Heft.

a) – Quand est-ce que tu ■ ? – Je ne ■ pas. Je reste à la maison.	sortir
b) – Quand est-ce que vous ■ ? – Nous ■ à huit heures. – Mais regarde, il est déjà huit heures! – Ah oui. ■ .	partir
c) Les enfants ne ■ pas. – Alors ■ bien, les enfants.	dormir
d) Le chien ne ■ pas. – ■ tout de suite, Goliath.	sortir

3. Bilde Sätze. Achte auf die Stellung und Angleichung der Adjektive und Verben.

a) histoires / Elle / écrire / marrant / des
b) lire / livres / des / bon / Nous
c) Il / maison / Paris / avoir / une / grand / à
d) problème / raconter / son / Elle / petit
e) place du Tertre / être / La / joli

▶ Die Lösungen findest du auf Seite 64.

Leçon 6

§ 28 Die Verben „vouloir" und „pouvoir" (Präsens) – Les verbes « vouloir » et « pouvoir » (présent)

Mit *vouloir* und *pouvoir* lernst du zwei neue unregelmäßige Verben kennen.

	vouloir	[vulwaʀ]	wollen
je	**veux**	[ʒəvø]	ich will
tu	**veux**	[tyvø]	du willst
il	**veut**	[ilvø]	er will
elle	**veut**	[ɛlvø]	sie will
on	**veut**	[õvø]	man will
nous	voul**ons**	[nuvulõ]	wir wollen
vous	voul**ez**	[vuvule]	ihr wollt / Sie wollen
ils	**veulent**	[ilvœl]	sie wollen
elles	**veulent**	[ɛlvœl]	sie wollen

	pouvoir	[puvwaʀ]	können
je	**peux**	[ʒəpø]	ich kann
tu	**peux**	[typø]	du kannst
il	**peut**	[ilpø]	er kann
elle	**peut**	[ɛlpø]	sie kann
on	**peut**	[õpø]	man kann
nous	pouv**ons**	[nupuvõ]	wir können
vous	pouv**ez**	[vupuve]	ihr könnt / Sie können
ils	**peuvent**	[ilpœv]	sie können
elles	**peuvent**	[ɛlpœv]	sie können

§ 29 Das „Passé composé" (I) mit „avoir" – Le « passé composé » (I) avec « avoir »

W Bisher hast du im Französischen zwei Zeiten kennen gelernt:
Das ***Présent*** (Gegenwart) und das ***Futur composé*** („zusammengesetzte Zukunft").

Frédéric **fait** ses devoirs. Puis il **va regarder** une vidéo.

NEU Nun lernst du eine weitere Zeit kennen, das ***Passé composé*** („zusammengesetzte Vergangenheit").
Es drückt Vorgänge und Handlungen in der Vergangenheit aus.

Hier, nous **avons répété** la pièce.	Gestern haben wir das Stück geprobt / wiederholt.
Puis nous **avons regardé** la vidéo.	Dann haben wir das Video angeschaut.

J'	**ai**	+ **regardé** la vidéo. [rəgaʀde]	Ich	**habe**	das Video **angeschaut**.
Tu	**as**		Du	**hast**	
Il/elle/on	**a**		Er/sie/man	**hat**	
Nous	**avons**		Wir	**haben**	
Vous	**avez**		Ihr	**habt**	
Ils/elles	**ont**		Sie	**haben**	

R1 Die meisten Verben bilden das ***Passé composé*** aus einer Präsensform des Hilfsverbs ***avoir*** und dem ***Participe passé*** („Partizip Perfekt") des Verbs.

Auf einen Blick:

Ils ont répété.

Hilfsverb + ***Participe passé***

Passé composé

Ils **n' ont pas** joué ensemble.	Sie haben **nicht** zusammen gespielt.
Julien **n'a pas** trouvé son costume.	Julien hat sein Kostüm **nicht** gefunden.

R2 Im ***Passé composé*** umschließt die **Verneinung** (***ne… pas***) das **Hilfsverb**.

§ 30 Die Bildung des „Participe passé" – La formation du participe passé

Bei der Bildung des ***Participe passé*** muss man zwischen regelmäßigen und unregelmäßigen Verben unterscheiden.

1. Die regelmäßigen Verben

	Infinitiv		**Participe passé**		
J'ai discuté avec mes parents.	discuter	▶	discuté	[diskyte]	
Après, j'ai téléphoné à Christine.	téléphoner	▶	téléphoné	[telefɔne]	
Jérôme a dormi deux heures.	dormir	▶	dormi	[dɔʀmi]	
	sortir	▶	sorti	[sɔʀti]	▶ § 31
	partir	▶	parti	[paʀti]	▶ § 31

R3 Die **Verben auf *-er*** bilden das ***Participe passé*** auf ***-é***, die Verben auf ***-ir*** bilden das ***Participe passé*** auf ***-i***.

2. Einige unregelmäßige Verben

Diese Formen musst du auswendig lernen, man kann sie nicht ableiten.

avoir	**j'ai**	**eu**		[y]
être	**j'ai**	**été**		[ete]
lire	**j'ai**	**lu**	▶ -u	[ly]
vouloir	**j'ai**	**voulu**	▶ -u	[vyly]
pouvoir	**j'ai**	**pu**	▶ -u	[py]
voir	**j'ai**	**vu**	▶ -u	[vy]

faire	**j'ai**	**fait**	▶ -t	[fɛ]
dire	**j'ai**	**dit**	▶ -t	[di]
écrire	**j'ai**	**écrit**	▶ -t	[ekʀi]
prendre	**j'ai**	**pris**	▶ -is	[pʀi]
apprendre	**j'ai**	**appris**	▶ -is	[apʀi]
comprendre	**j'ai**	**compris**	▶ -is	[kõpʀi]

Auf den Seiten 71–75 findest du die **regelmäßigen** und **unregelmäßigen** Verben mit ihrem *Participe passé* im Überblick.

§ 31 Das „Passé composé" (II) mit „être" – Le « passé composé » (II) avec « être »

W In § 29 hast du schon erfahren, dass im Französischen die meisten Verben das ***Passé composé*** mit dem Hilfsverb ***avoir*** bilden.

NEU Nur wenige Verben bilden das ***Passé composé*** mit ***être***.

Je **suis allé** à la tour Eiffel.	Ich **bin** zum Eiffelturm **gegangen**.
Mais je **ne suis pas monté**.	Aber ich **bin nicht hinaufgestiegen**.

R4 Einige Verben bilden das ***Passé composé*** mit ***être***.
Die **Verneinung** umschließt dabei die konjugierte Form des Hilfsverbs ***être***.

Die meisten der Verben, die das *Passé composé* mit **être** bilden, kennst du schon.
Du kannst sie dir gut merken mit dem sogenannten „*être*-Haus".

aller
arriver
entrer
monter
rester
sortir
partir
retourner
rentrer
+
être

Bei den Verben, die das ***Passé composé*** mit ***être*** bilden, musst du eine **Besonderheit** beachten. Schau dir dazu folgende Beispiele an:

Julien	est	allé	à Marseille.	–	♂
Cécile	est	partie	avec les copains.	-e	♀
Les amis	sont	arrivés	à 19 heures.	-s	♂ ♂
Julien et Cécile	sont	sortis	ensemble.	-s	♀ ♂
Léa et Zoé et Nadine	sont	restées	avec les copains.	-es	♀ ♀

R5 Beim ***Passé composé*** mit ***être*** richtet sich das ***Participe passé*** in **Genus** und **Numerus** nach dem **Subjekt** des Satzes.

Diese Angleichung kennst du ja schon vom Adjektiv (vgl. §27).

Les parents sont contents.

Beachte!

Wenn die Pronomen ***je***, ***tu***, ***on***, ***nous*** und ***vous*** Subjekt des Satzes sind, musst du darauf achten, **welche Personen** durch die Pronomen ersetzt werden.

Nadine:	« Je suis partie à quatre heures. »	(Je = ♀)
Franck et Patrick:	« Nous sommes rentrés à sept heures. »	(Nous / On = ♂ ♂)
	« On est rentrés à sept heures. »	
Caroline et Yvonne:	« Nous sommes allées à la MJC. »	(Nous / On = ♀ ♀)
	« On est allées à la MJC. »	
Caroline à **madame Leclerc** :	« Vous êtes allée au cinéma ? »	(Vous = ♀)

§ 32 Das Verb „répéter" – Le verbe « répéter »

	répéter	[ʀepete]	wiederholen
je	répète	[ʒəʀepɛt]	ich wiederhole
tu	répètes	[tyʀepɛt]	du wiederholst
il	répète	[ilʀepɛt]	er wiederholt
elle	répète	[ɛlʀepɛt]	sie wiederholt
on	répète	[õʀepɛt]	man wiederholt
nous	répétons	[nuʀepetõ]	wir wiederholen
vous	répétez	[vuʀepete]	ihr wiederholt / Sie wiederholen
ils	répètent	[ilʀepɛt]	sie wiederholen
elles	répètent	[ɛlʀepɛt]	sie wiederholen

Imperativ:
Répète…
Répétons…
Répétez…

Passé composé:
j'ai répété

Im Singular und in der 3. Person Plural ▶ è mit accent grave.

§ 33 Das Verb „voir" – Le verbe « voir »

	voir	[vwaʀ]	sehen	
je	vois	[ʒəvwa]	ich sehe	**Imperativ:**
tu	vois	[tyvwa]	du siehst	Vois…
il	voit	[ilvwa]	er sieht	Voyons…
elle		[ɛlvwa]	sie	Voyez…
on		[õvwa]	man	
nous	voyons	[nuvwajõ]	wir sehen	**Passé composé:**
vous	voyez	[vuvwaje]	ihr seht / Sie sehen	j'ai **vu** [vy]
ils	voient	[ilvwa]	sie sehen	
elles		[ɛlvwa]		

§ 34 Die Stellung der Objektpronomen bei „vouloir, pouvoir, il faut" + Infinitiv – La place des pronoms objets après « vouloir, pouvoir, il faut » + infinitif

W In § 25 hast du die **direkten** und **indirekten Objektpronomen** (***me, te, le, la, l', lui, nous, vous, les, leur***) und deren Stellung im ***Futur composé*** kennen gelernt.

– Tu as fait **les devoirs** ? – Non, mais je vais **les** faire.

NEU Bei den Verben ***vouloir***, ***pouvoir*** und ***il faut + Infinitiv*** gilt die **gleiche Stellungsregel** wie beim ***Futur composé***.

– Tu ne peux pas faire **les photos**.	– Mais je **veux** **les** faire.
– Je ne veux pas écrire **la lettre**.	– Mais il **faut** **l'**écrire.
– Maman, je veux regarder **la vidéo**.	– D'accord, tu **peux** **la** regarder maintenant.
– Je peux **te** parler ?	– Non, je **ne** veux **pas** **t'**écouter.

R6 Bei Verben mit **Infinitivanschluss** (***aller, vouloir, pouvoir, il faut*** + **Infinitiv**) stehen die Objektpronomen **vor dem Infinitiv**.
Die **Verneinung** umschließt nur das **konjugierte Verb**.

Tout compris ?

1. Setze den folgenden Text ins ***Passé composé***. Achte darauf, dass einige Verben das ***Passé composé*** mit ***être***, andere mit ***avoir*** bilden.

Yvonne raconte :
a) Je (aller) chez Valérie.
b) Nous (partir) ensemble à huit heures et nous (aller) à la station de métro.
c) Là, nous (rencontrer) Nicolas et Marc.
d) Nicolas nous (montrer) la station, puis nous (prendre) le métro.
e) Nous (arriver) en ville vingt minutes après.
f) D'abord, nous (entrer) dans un café.
g) Puis les garçons (aller) dans un magasin de sport.
h) Valérie et moi, nous (rester) au café.
i) Nous (prendre) un café et nous (discuter).
j) Une heure après, les garçons (arriver) au café et nous (rester) un peu.
k) Puis moi, je (rentrer) à la maison, les autres (aller) au cinéma.

2. Antworte auf die Fragen und ersetze die unterstrichenen Wörter in der Antwort durch ein **Pronomen**.

a) – Tu veux prendre <u>le métro</u> ? – Non, je…
b) – Tu peux téléphoner <u>à tes copains</u> ? – Oui, je…
c) – Est-ce qu'il faut faire <u>les exercices</u> ? – Oui, il…
d) – Est-ce qu'il faut écrire <u>le texte</u> ? – Non, il…
e) – Est-ce que vous voulez faire <u>la promenade</u> ? – Non, nous…
f) – Tu peux <u>me</u> donner les devoirs ? – Non, je…

3. Setze die Verben ***vouloir***, ***pouvoir***, und ***répéter*** ein und achte auf die Zeiten.

a) – Est-ce que vous ■ la pièce hier ?
b) – Oui, mais nous ■ la ■ encore une fois aujourd'hui.
c) – D'accord, je ■ la pièce avec vous. Marc, tu ■ lire le texte ? Après on ■ ■ ensemble.
d) – Est-ce que je ■ prendre le rôle d'Elisabeth ?
e) – Non, on ■ les rôles comme la dernière fois. Tu ■ prendre le rôle une autre fois. Aujourd'hui, nous ■ jouer sur la scène. Est-ce que vous ■ mettre vos costumes ?
f) – Hier déjà, on ■ avec les costumes. Mais nous ■ les mettre encore une fois. C'est plus joli.

▶ Die Lösungen findest du auf den Seiten 64–65.

Leçon 7

§ 35 Die Verben „acheter" und „essayer" – Les verbes « acheter » et « essayer »

	acheter	[aʃte]	kaufen
j'	achète	[ʒaʃɛt]	ich kaufe
tu	achètes	[tyaʃɛt]	du kaufst
il	achète	[ilaʃɛt]	er kauft
elle		[ɛlaʃɛt]	sie
on		[ɔ̃naʃɛt]	man
nous	achetons	[nuzaʃtɔ̃]	wir kaufen
vous	achetez	[vuzaʃte]	ihr kauft / Sie kaufen
ils	achètent	[ilzaʃɛt]	sie kaufen
elles		[ɛlzaʃɛt]	

Imperativ: Achète… Achetons… Achetez…
Passé composé: j'ai acheté

	essayer	[eseje]	versuchen
j'	essaie	[ʒesɛ]	ich versuche
tu	essaies	[tyesɛ]	du versuchst
il	essaie	[ilesɛ]	er versucht
elle		[ɛlesɛ]	sie
on		[ɔ̃nesɛ]	man
nous	essayons	[nuzesejɔ̃]	wir versuchen
vous	essayez	[vuzeseje]	ihr versucht / Sie versuchen
ils	essaient	[ilzesɛ]	sie versuchen
elles		[ɛlzesɛ]	

Imperativ: Essaie… Essayons… Essayez…
Passé composé : j'ai essayé
Ebenso: payer bezahlen

§ 36 Die Interrogativbegleiter „quel, quelle, quels, quelles" – Les adjectifs interrogatifs « quel, quelle, quels, quelles »

W Du kennst schon einige Fragen, in denen *quel(le)* vorkommt:

– Il est quelle heure ? Wie spät ist es?
– A quelle heure ? Um wie viel Uhr?
– Tu as quel âge ? Wie alt bist du?

NEU Nun lernst du alle Formen von ***quel*** kennen:

m.	Sg.	– **Quel**	**sport** est-ce que tu fais ?	**Welchen** Sport machst du?
	Pl.	– **Quels**	**films** est-ce que tu aimes ?	**Welche** Filme magst du?
f.	Sg.	– **Quelle**	**musique** est-ce que tu écoutes ?	**Welche** Musik hörst du?
	Pl.	– **Quelles**	**chansons** est-ce que tu aimes ?	**Welche** Lieder magst du?

R1 ***Quel*** richtet sich in **Genus** und **Numerus** nach dem Nomen, auf das es sich bezieht.

Beachte!

1. Alle Formen von *quel* werden gleich ausgesprochen:
   quel / quels / quelle / quelles = [kɛl].
   Bei der Bindung vor Vokal und stummem *h* musst du auf die stimmhafte Aussprache des ***-s*** achten:
   Quels‿**e**xercices ? [kɛlzɛgzɛʀsis]
   Quelles‿**h**istoires ? [kɛlzistwaʀ]
2. **Quelle bonne surprise ! Quels jolis jardins !**
   Quel wird oft auch in Ausrufen verwendet.

Quelle chance !
Einfach angleichen wie ein Adjektiv!

Zusammenfassung:

	m.	*f.*
Singular	**quel**	**quelle**
Plural	**quels**	**quelles**

§ 37 Die Demonstrativbegleiter „ce/cet, cette, ces" – Les adjectifs démonstratifs « ce/cet, cette, ces »

Ce/cet, cette, ces (dieser, dieses, diese) verwendest du, wenn du auf bestimmte Personen oder Sachen hinweisen möchtest.

– **Ce** CD, je **le** trouve super.	**Diese** CD finde ich super.
– **Cet**‿acteur, je **le** trouve super.	**Diesen** Schauspieler finde ich super.
– **Cette** BD, je **la** trouve super.	**Diesen** Comic finde ich super.
– **Ces**‿acteurs, je **les** trouve super.	**Diese** Schauspieler finde ich super.
– **Ces** BD, je **les** trouve super.	**Diese** Comics finde ich super.

R2 Die Demonstrativbegleiter richten sich in **Genus** und **Numerus** nach dem Nomen, das sie begleiten. Im Maskulinum Singular lauten sie ***ce***, vor Vokal und stummem *h* ***cet***, im Femininum Singular ***cette***. Im Plural gibt es nur die Form **ces**.

Zusammenfassung:

	m.	*f.*
Singular	**ce / cet**	**cette**
Plural	**ces**	

☞ **Beachte!**

1. Achte beim **Sprechen** auf die ***Liaison*** (Bindung):
   cet‿**a**mi, **cette**‿**a**mie [sɛ**ta**mi]
   ces‿**a**mi(e)s [se**za**mi]

2. Achte trotz **gleicher Aussprache** auf die unterschiedliche **Schreibweise**:
   [sefoto] **ces** photos **diese** Fotos
   [sefoto] **ses** photos **seine/ihre** Fotos

3. In Verbindung mit Tageszeiten bedeutet *ce, cet, cette* **„heute“**:
   ce matin heute Morgen
   cet après-midi heute Nachmittag
   ce soir heute Abend

§ 38 Das Verb „mettre“ – Le verbe « mettre »

	mettre	**[mɛtʀ]**	**setzen / stellen / legen**	
je	**mets**	[ʒəmɛ]	ich setze / stelle / lege	**Imperativ:**
tu	**mets**	[tymɛ]	du setzt / stellst / legst	Mets…
il		[ilmɛ]	er	Mettons…
elle	**met**	[ɛlmɛ]	sie setzt / stellt / legt	Mettez…
on		[õmɛ]	man	
nous	**mettons**	[numɛtõ]	wir setzen / stellen / legen	**Passé composé:**
vous	**mettez**	[vumɛte]	ihr setzt / stellt / legt // Sie setzen / stellen / legen	j'ai **mis** [mi]
ils	**mettent**	[ilmɛt]	sie setzen / stellen / legen	
elles		[ɛlmɛt]		

2 Stämme:
met- + -s, -s, -,
mett- + -ons, -ez, -ent

§ 39 Die Adjektive „beau, nouveau, vieux" – Les adjectifs « beau, nouveau, vieux »

Mit ***beau*** (schön), ***nouveau*** (neu) und ***vieux*** (alt) lernst du drei Adjektive kennen, die du häufig verwenden wirst. Sie haben viele unterschiedliche Formen, die du dir gut einprägen musst.

1. Singular

	beau schön				**nouveau** neu				**vieux** alt		
un	**beau**	film		un	**nouveau**	film		un	**vieux**	film	
un	**bel** ‿	avion	[bɛlavjõ]	un	**nouvel** ‿	ami	[nuvɛlami]	un	**vieil** ‿	ami	[vjɛjami]
une	**belle**	maison		une	**nouvelle**	maison		une	**vieille**	maison	

R3 Die Adjektive ***beau, nouveau, vieux*** haben im **Singular** vor maskulinen Nomen zwei Formen:
beau, nouveau, vieux vor **Konsonant**,
bel, nouvel, vieil vor **Vokal** oder stummem ***h***.
Vor femininem Nomen im Singular steht immer ***belle, nouvelle, vieille***.

Beachte!

C'est un **bel** ‿ avion.	→	Cet avion **est**	**beau**.
C'est un **nouvel** ‿ ordinateur.	→	Cet ordinateur **est**	**nouveau**.
C'est un **vieil** ‿ ascenseur.	→	Cet ascenseur **est**	**vieux**.

Bel, ***nouvel*** und ***vieil*** benutzt du **nur**, wenn sie **vor** einem maskulinen Nomen stehen, das mit einem **Vokal** oder stummem ***h*** beginnt.

2. Plural

des	**beaux**	films	
des	**beaux** ‿	amis	[bozami]
des	**belles**	maisons	
des	**belles** ‿	histoires	[bɛlzistwaʀ]

des	**nouveaux**	films	
des	**nouveaux** ‿	amis	[nuvozami]
des	**nouvelles**	maisons	
des	**nouvelles** ‿	histoires	[nuvɛlzistwaʀ]

des	**vieux**	films	
des	**vieux** ‿	amis	[vjøzami]
des	**vieilles**	maisons	
des	**vieilles** ‿	histoires	[vjɛjzistwaʀ]

R4 Im **Plural** gibt es nur **eine** Form vor maskulinen und **eine** Form vor femininen Nomen.
Bei den Pluralformen werden *-x* und *-s* vor Vokal und stummem ***h*** als [z] gebunden.

§ 40 Das Verb „préférer" – Le verbe « préférer »

	préférer	[pʀefeʀe]	vorziehen
je	préfère	[ʒəpʀefɛʀ]	ich ziehe vor
tu	préfères	[typʀefɛʀ]	du ziehst vor
il	préfère	[ilpʀefɛʀ]	er zieht vor
elle	préfère	[ɛlpʀefɛʀ]	sie zieht vor
on	préfère	[õpʀefɛʀ]	man zieht vor
nous	préférons	[nupʀefeʀõ]	wir ziehen vor
vous	préférez	[vupʀefeʀe]	ihr zieht vor/Sie ziehen vor
ils	préfèrent	[ilpʀefɛʀ]	sie ziehen vor
elles	préfèrent	[ɛlpʀefɛʀ]	sie ziehen vor

Imperativ*:
Répète…
Répétons…
Répétez…

Passé composé:
j'ai préféré

Ebenso:
répéter (wiederholen)

* Die Imperativformen von *préférer* sind nicht gebräuchlich, daher sind hier die Formen von *répéter* angegeben.

§ 41 Die unverbundenen Personalpronomen – Les pronoms personnels disjoints

W Du kennst schon die Subjektpronomen ***je, tu, il, elle, on, nous, vous, ils, elles***.
Sie werden immer in Verbindung mit einem Verb benutzt. Man nennt sie deshalb **verbundene Personalpronomen**.

NEU Es gibt im Französischen auch Personalpronomen, die **nicht** mit einem Verb verbunden sind. Man nennt sie daher **unverbundene Personalpronomen**:

– Qui va au cinéma ? – **Moi**.	Wer geht ins Kino? – **Ich**.
– Et **toi** ? Tu sors aussi avec **elle** ? – Oui.	Und **du**? Gehst du auch mit **ihr** aus? – Ja.
– Mais que vont faire Luc et Pierre sans **vous** ?	Und was machen Luc und Pierre ohne **euch**?
– Luc et Pierre ? – **Eux**, ils veulent rester.	Luc und Pierre? – **Sie** (Die) wollen bleiben.
– Zoé, **elle**, va rentrer à la maison.	**Zoé** wird nach Hause gehen.

R5 Die unverbundenen Personalpronomen stehen **in verkürzten Sätzen** ohne Verb *(Moi.)* oder **nach Präpositionen** *(avec elle, sans vous)*.
Zusammen mit verbundenen Personalpronomen *(Eux, ils…)* oder Nomen *(Zoé, elle…)* dienen sie der **Hervorhebung**.

Alle unverbundenen Personalpronomen **auf einen Blick**:

Singular	**moi**	**toi**	**lui / elle**
Plural	**nous**	**vous**	**eux [ø] / elles**

Tout compris ?

1. Setze die korrekten Formen von ***a**cheter*, ***e**ssayer*, ***m**ettre*, ***p**référer* ein.

a) – Les deux filles, là, elles e■ tout.
– Mais elles n'a■ rien.

b) – Je p■ le pantalon noir. Alors je l'e■.
– Il te va très bien. Tu l'a■ ?

c) – Maintenant, m■ la jupe verte.
– Non.
– Mais si : tu l'e■ et après, tu décides.

d) – Vous p■ quelle veste ?
– La grise.
– Alors vous l'e■ ?
– D'accord.

e) – Je le m■ où, mon sac ?
– M■ votre sac sur la table s'il vous plaît.

f) – On a■ aussi le pull rouge ?
– Non, nous n'a■ plus rien.

2. Setze die Interrogativbegleiter ***quel***, ***quelle***... ein.

a) – Vous êtes à ■ école ?
b) – Vous lisez ■ livres et ■ BD ?
c) – Vous aimez ■ musique ?
d) – Vous faites ■ sport ?
e) – Vous êtes dans ■ ateliers ?
f) – ■ questions !

3. Setze die Demonstrativbegleiter ***ce***, ***cet***, ***cette***, ***ces*** ein.

a) – ■ matin, les soldes ont commencé.
b) – Regarde ■ jupe jaune et ■ anorak blanc.
c) – Ah non, ■ couleurs ne me vont pas.
d) – Et ■ pantalons ?
e) – D'accord. Je vais essayer ■ pantalon beige.

4. Setze die Formen von ***q**uel*, ***c**e*, ***b**eau*, ***n**ouveau*, ***v**ieux* ein.

a) – Q■ photos est-ce que tu regardes ?
b) – Elles sont b■. Ce sont des n■ photos ?
c) – Non, elles sont v■.
d) – Tu aimes c■ acteur ?
e) – Q■ acteur ?
f) – C■ acteur, là, sur c■ photo ?
g) – Q■ b■ acteur !
h) – Oui, il est b■ dans sa n■ voiture.
i) – Regarde c■ v■ immeuble et c■ b■ jardins.
j) – Oh, il est très v■, c■ immeuble.

5. Setze die unverbundenen Personalpronomen an die Stelle der kursiv gedruckten Wörter in Klammern.

M. Laroche : Qui veut du café ?
Mme Laroche : *(Ich)*.
M. Laroche : Et *(du)* ?
Jérémy : Non merci, papa. Ecoute, tu n'as pas envie de faire du skate avec *(mir)* ? Tu peux venir avec *(uns)*, mes copains sont d'accord.
M. Laroche : Ah non, hier, tu as dit à maman : « Papa et le skate ? A son âge, c'est trop difficile pour *(ihn)* ! » Alors je suis d'accord avec *(dir)*.
Jérémy part avec ses copains et les parents, *(sie)*, restent à la maison.
M. Laroche, *(er)*, est très content d'avoir le temps de lire son livre préféré.

▶ Die Lösungen findest du auf den Seiten 65–66.

Leçon 8

§ 42 Der Teilungsartikel – L'article partitif

W Du kennst schon den unbestimmten Artikel *(un, une, des)* und den bestimmten Artikel *(le, la, l', les)*. Du weißt auch, dass es im Deutschen keinen unbestimmten Artikel im Plural gibt:

Yasmine écoute **des** chansons. — Yasmine hört sich __ Chansons an.

NEU Mit dem **Teilungsartikel** lernst du nun einen weiteren Artikel kennen. Mit ihm drückt man einen **unbestimmten Teil** einer Menge aus.

Maman a acheté	**du**	beurre.	Mama hat	__	Butter gekauft.
Elle a acheté aussi	**de la**	crème.	Sie hat auch	__	Sahne gekauft.
Elle a acheté	**de l'**	eau minérale.	Sie hat	__	Mineralwasser gekauft.
Im Französischen:	**Teilungsartikel**		Im Deutschen:	**kein Artikel**	

R1 Der Teilungsartikel ***du, de la, de l'*** wird aus ***de*** und dem **bestimmten Artikel** gebildet. Er bezeichnet eine unbestimmte Menge von Dingen, die man **nicht zählen** kann. **Im Deutschen** steht in diesem Fall **kein Artikel.**

Beachte!

1. – J'aime le café **avec du** sucre. — Ich mag den Kaffee mit Zucker.
   – Mais je prends le café **sans** __ lait. — Aber ich trinke den Kaffee ohne Milch.
   Nach ***avec*** steht der **Teilungsartikel**. Nach ***sans*** steht **kein Teilungsartikel**.
2. Der **Teilungsartikel** steht auch bei abstrakten Begriffen, wie z. B. „Musik":
   – On fait **de la** musique ? — Machen wir __ Musik?
3. Nach ***adorer***, ***aimer***, ***détester*** und ***préférer*** steht immer der **bestimmte Artikel**:
   – Tu **n'aimes** pas **la** techno ? — Magst du keinen Techno?
   – Non, je **déteste la** techno. Je **préfère le** rap. — Nein, ich hasse Techno. Ich mag lieber Rap.

§ 43 Die Mengenangaben – Exprimer la quantité

W In § 42 hast du den **Teilungsartikel** kennen gelernt. Er bezeichnet eine **unbestimmte Menge** von Dingen, die man nicht zählen kann.

NEU Will man eine **bestimmte Menge** angeben, so benutzt man **Mengenangaben**.

J'ai acheté…	**un litre**	**de**	lait.	Ich habe einen Liter Milch gekauft.
	une bouteille	**d'**	eau minérale.	Ich habe eine Flasche Mineralwasser gekauft.
	200 grammes	**de**	beurre.	Ich habe 200 Gramm Butter gekauft.
	un kilo	**de**	pêches.	Ich habe ein Kilo Pfirsiche gekauft.
	beaucoup	**d'**	oranges.	Ich habe viele Orangen gekauft.
	peu	**de**	crème.	Ich habe wenig Sahne gekauft.
Mais je **n'** ai	**pas**	**de**	jus d'orange…	Aber ich habe keinen Orangensaft …
et je **n'** ai	**plus**	**d'**	huile.	und ich habe kein Öl mehr.

R2 Nach **Mengenangaben** und nach **Verneinung** steht vor dem folgenden Nomen ***de*** **ohne Artikel.**

Auf einen Blick:

Mengenangabe / **Verneinung**	+	**de**	+	**Nomen**

Vergleiche dazu L 4, § 23.

§ 44 Das Pronomen „en" – Le pronom « en »

W In § 25 hast du die Objektpronomen *(le, la, l', les… / lui, leur)* kennen gelernt. Sie vertreten direkte und indirekte Objekte.

– Tu vois **tes copains** cet après-midi ?	– Oui, je **les** vois à trois heures.
– Tu as téléphoné **à ton grand-père** ?	– Non, je ne **lui** ai pas encore téléphoné.

NEU Mit ***en*** lernst du ein weiteres Pronomen kennen. Man kann es mit „(welche/n / s)/davon" übersetzen.

– Tu prends **du beurre** ?	Nimmst du Butter?
– Oui, j'**en** prends.	Ja, ich nehme (welche) davon.
– Tu prends aussi **de la crème** ?	Nimmst du auch Sahne?
– Oui, j'**en** prends aussi.	Ja, ich nehme auch (welche) davon.
– Tu prends aussi **des oranges** ?	Nimmst du auch Orangen?
– Oui , j'**en** prends aussi.	Ja, ich nehme auch (welche) davon.

R3 Das Pronomen ***en*** vertritt eine Ergänzung mit ***de*** (z. B. Teilungsartikel) oder Ergänzungen mit dem unbestimmten Artikel im Plural ***(des)***.

– Vous prenez **six œufs**, monsieur ?	Nehmen Sie sechs Eier?
– Non, j'**en** prends **douze**.	Nein, ich nehme zwölf (davon).
– Tu as acheté **assez de beurre** ?	Hast du genug Butter gekauft?
– Oui, j'**en** ai acheté **assez**.	Ja, ich habe genug (davon) gekauft.
– J'**en** ai acheté **250 grammes**.	Ja, ich habe 250 Gramm (davon) gekauft.

R4 Das Pronomen ***en*** vertritt auch Nomen, denen ein **Zahlwort** (z.B. ***six œufs***) oder eine **Mengenangabe** (z.B. ***assez de…***) vorausgeht.
Das Zahlwort bzw. die Mengenangabe wird nach dem Verb wieder aufgegriffen oder durch ein anderes Zahlwort / eine andere Mengenangabe (z.B. ***250 grammes***) ersetzt.

Beachte!

Für das Pronomen ***en*** gelten **dieselben Stellungsregeln** wie für die Objektpronomen (vgl. § 25, 3.).

1. – Tu prends des oranges ? – Oui, j' **en** prends.
   – Tu prends aussi de la farine ? – Non, j' **en** ai déjà acheté hier.
   Das Pronomen ***en*** steht **vor dem konjugierten Verb**.

2. – Tu prends aussi de la crème ? – Non, je **n' en** prends **pas**.
   Das Pronomen ***en*** wird zusammen mit dem konjugierten Verb **von den Verneinungswörtern umschlossen**.

3. – Tu prends aussi de l'eau minérale ? – Non, je ne vais pas **en** prendre.
   Das Pronomen ***en*** steht **vor dem Infinitiv**, wenn auf das konjugierte Verb ein Infinitiv folgt.

§ 45 Das Verb „venir“ – Le verbe « venir »

	venir	**[vəniʀ]**	**kommen**	
je	**viens**	[ʒəvjɛ̃]	ich komme	**Imperativ :** Viens… Venons… Venez…
tu	**viens**	[tyvjɛ̃]	du kommst	
il / elle / on	**vient**	[ilvjɛ̃] / [ɛlvjɛ̃] / [ɔ̃vjɛ̃]	er / sie / man kommt	
nous	venons	[nuvənɔ̃]	wir kommen	**Passé composé :**
vous	venez	[vuvəne]	ihr kommt / Sie kommen	je **suis venu(e)** [vəny]
ils / elles	**viennent**	[ilvjɛn] / [ɛlvjɛn]	sie kommen	

Attention !
venir (= kommen)
bildet das Passé composé mit être.
Elle est venue.
Ils sont venus.

§ 46 Der Relativsatz mit „qui“, „que“ und „où“ – La phrase relative avec « qui », « que » et « où »

Mit einem **Relativsatz** kannst du eine **Sache** oder **Person** näher bestimmen.
Relativsätze werden durch **Relativpronomen** eingeleitet.

1. **Relativsätze mit** dem Relativpronomen ***qui*** (deutsch: der, die, das)

Voilà **l'animateur monsieur Rollin**	**qui** répète la pièce avec les jeunes.	… , **der** das Stück mit den Jugendlichen übt.
Voilà **la fille**	**qui** est la star du groupe.	… , **das** der Star der Gruppe ist.
Nous jouons **une pièce**	**qui** nous intéresse beaucoup.	… , **das** uns sehr interessiert.
Mettez **les costumes**	**qui** sont sur la table.	… , **die** auf dem Tisch liegen.

R5 Das Relativpronomen ***qui*** ist **Subjekt** des Relativsatzes (Frage: „Wer?“ oder „Was?“).
Es kann **Personen** und **Sachen** im Singular und Plural vertreten und ist unveränderlich.

Beachte!

Nous cherchons **la voisine qui** est parti**e** hier.
Da ***qui*** **Subjekt** des Relativsatzes ist, musst du bei den Verben, die das ***Passé composé*** mit ***être*** bilden, auf die **Angleichung des *Participe passé*** achten (hier: ***partie***, weil sich ***qui*** auf ***la voisine*** bezieht).

2. **Relativsätze mit** dem Relativpronomen ***que*** (deutsch: den, die, das)

J'ai rencontré **un acteur**	**que** j'aime beaucoup.	…, **den** ich sehr mag.
Et voilà Marie, **la superstar**	**que** je n'aime pas.	…, **die** ich nicht mag.
Voilà **le texte**	**qu'** on va apprendre.	…, **den** wir lernen werden.
Et voilà **les costumes**	**que** nous allons mettre.	…, **die** wir anziehen werden.

R6 Das Relativpronomen ***que / qu'*** ist **direktes Objekt** des Relativsatzes (Frage: „Wen?" oder „Was?"). Es kann Personen und Sachen im Singular und Plural vertreten und ist unveränderlich. Vor Vokal oder stummem *h* wird ***que*** zu ***qu'*** (***qu'***elle, ***qu'***on…).

3. **Relativsätze mit** dem Relativponomen ***où*** (deutsch: wo, wohin / in dem, in der, in das)

Nous cherchons **le théâtre où** le groupe répète la pièce.	…, **wo / in dem** die Gruppe das Stück übt.
Lyon est **la ville où** on va jouer la pièce.	…, **wo / in der** wir das Stück spielen werden.

R7 Das Relativpronomen ***où*** vertritt **Ortsbezeichnungen**.

§ 47 Die Verben auf „-dre" – Les verbes en « -dre »

Mit den Verben auf ***-dre (entendre, répondre, descendre)*** lernst du eine neue Gruppe **regelmäßiger Verben** kennen.

	répondre	**[ʀepɔ̃dʀ]**	**antworten**	
je	répon**ds**	[ʒəʀepɔ̃]	ich antworte	**Imperativ:**
tu	répon**ds**	[tyʀepɔ̃]	du antwortest	Répon**ds**.
il / elle / on	répon**d**	[ilʀepɔ̃] / [ɛlʀepɔ̃] / [ɔ̃ʀepɔ̃]	er / sie / man } antwortet	Répond**ons**. Répond**ez**.
nous	répond**ons**	[nuʀepɔ̃dɔ̃]	wir antworten	**Passé composé:**
vous	répond**ez**	[vuʀepɔ̃de]	ihr antwortet / Sie antworten	j'ai répond**u** [ʀepɔ̃dy]
ils / elles	répond**ent**	[ilʀepɔ̃d] / [ɛlʀepɔ̃d]	sie antworten	**Ebenso:** entendre (hören)

	descendre	**[desɑ̃dʀ]**	**hinuntergehen**	
je	descen**ds**	[ʒədesɑ̃]	ich gehe hinunter	**Imperativ:**
tu	descen**ds**	[tydesɑ̃]	du gehst hinunter	Descen**ds**.
il / elle / on	descen**d**	[ildesɑ̃] / [ɛldesɑ̃] / [ɔ̃desɑ̃]	er / sie / man } geht hinunter	Descend**ons**. Descend**ez**.
nous	descend**ons**	[nudesɑ̃dɔ̃]	wir gehen hinunter	**Passé composé:**
vous	descend**ez**	[vudesɑ̃de]	ihr geht hinunter / Sie gehen hinunter	je **suis** descend**u(e)** [desɑ̃dy]
ils / elles	descend**ent**	[ildesɑ̃d] / [ɛldesɑ̃d]	sie gehen hinunter	

R8 Die **Verben auf *-dre*** haben im Präsens die Endungen *-s, -s, -d, -ons, -ez, -ent*.
Nur die Endungen *-ons* und *-ez* werden ausgesprochen.

Beachte!

1. il répond [ilʀepõ] — il entend [ilãtã]
   ils répondent [ilʀepõ**d**] — ils‿entendent [il**z**ãtã**d**]
2. Eine Ausnahme bildet das Verb ***prendre***, das du aus § 14 kennst; es ist **nur im Singular regelmäßig**: *je pren**ds**, tu pren**ds**, il pren**d***. Im **Plural** entfällt das ***-d*** des Stammes: *nous pre**n**ons, vous pre**n**ez, ils/elles pre**nn**ent* (ebenso: *compren**dre*** und *appren**dre***).

§ 48 Der unbestimmte Begleiter „tout" – L'adjectif indéfini « tout »

W Du kennst schon verschiedene Begleiter:

- den unbestimmten Artikel — **un** copain, **une** copine, **des** copains
- den bestimmten Artikel — **le** pull, **la** robe, **les** chaussures
- den Possessivbegleiter — **mon** père, **ma** mère, **mes** frères et sœurs
- den Demonstrativbegleiter — **ce** monsieur, **cet** homme, **cette** famille, **ces** enfants
- den Interrogativbegleiter — **Quel** copain ? **Quelle** copine ? **Quels** garçons ? **Quelles** filles ?

NEU Nun lernst du den unbestimmten Begleiter ***tout*** (deutsch: ganz/alle) kennen.

Pour jouer la pièce de théâtre, les jeunes…			Um das Theaterstück aufzuführen, haben die Jugendlichen …
ont appris	**tout**	**le** texte,	den **ganzen** Text gelernt,
ont préparé	**toute**	**la** scène,	die **ganze** Bühne vorbereitet,
ont préparé	**tous**	**leurs** costumes, et	**alle** ihre Kostüme vorbereitet,
ont écrit	**toutes**	**ces** invitations.	und **all diese** Einladungen geschrieben.

R9 Der Begleiter ***tout*** richtet sich wie ein Adjektiv in **Genus** und **Numerus** nach dem **Nomen**, auf das es sich bezieht. Nach ***tout*** steht in der Regel ein zweiter Begleiter *(le, la, leurs, ces, mes…)*.

Auf einen Blick:

Singular	**tout**	[tu]	+	**Begleiter**	+	**Nomen**
	toute	[tut]				
Plural	**tous**	[tu]				
	toutes	[tut]				

Schreib tout im Singular mit -t,
im Plural tous mit -s, okay?

§ 49 Das Verb „boire" – Le verbe « boire »

Mit ***boire*** (trinken) lernst du ein weiteres unregelmäßiges Verb kennen.

	boire	**[bwaʀ]**	**trinken**	
je	**bois**	[ʒəbwa]	ich trinke	**Imperativ:**
tu	**bois**	[tybwa]	du trinkst	Bois…
il	**boit**	[ilbwa]	er trinkt	Buvons…
elle	**boit**	[ɛlbwa]	sie trinkt	Buvez…
on	**boit**	[õbwa]	man trinkt	
nous	**buvons**	[nubyvõ]	wir trinken	**Passé composé:**
vous	**buvez**	[vubyve]	ihr trinkt / Sie trinken	j'ai **bu** [by]
ils	**boivent**	[ilbwav]	sie trinken	
elles	**boivent**	[ɛlbwav]	sie trinken	

§ 50 Das Verb „manger" – Le verbe « manger »

W Aus dem § 5 weißt du bereits, wie man die regelmäßigen Verben auf ***-er*** konjugiert.

NEU Das Verb ***manger*** wird genauso konjugiert. Du musst nur auf **eine Besonderheit** achten.

	manger	**[mɑ̃ʒe]**	**essen**
je	mange	[ʒəmɑ̃ʒ]	ich esse
nous	mang**e**ons	[numɑ̃ʒɑ̃]	wir essen
elles	mangent	[ɛlmɑ̃ʒ]	sie essen
Imperativ:	Mange…		
	Mang**e**ons…		
	Mangez…		
Passé composé:	j'ai **mangé**		

Achte in der 1. Person Plural auf das e nach dem g. Dadurch wird die Aussprache [ʒ] erhalten.

Tout compris ?

1. Maxime möchte einen Kuchen backen. Was muss er einkaufen?
Verwende den **Teilungsartikel** oder **den unbestimmten Artikel im Plural.**

   Il achète **de la** farine, … (Schreibe in deinem Heft weiter.)

farine ✓
sucre
oranges
huile
lait
œufs

2. Was kauft Madame Legrand für den Geburtstag ihres Vaters ein?
Achte auf die Mengenangaben.

   Elle achète **300 g de** cacahuètes, … (Schreibe in deinem Heft weiter.)

cacahuètes (300 g) ✓
huile (1 bouteille)
eau minérale (5 bouteilles)
oranges (beaucoup)
lait (1 litre)
crème (200 g)

3. Madame Leduc macht ihre Wochenendeinkäufe bei Monsieur Hadj.
Versetze dich in ihre Lage und antworte auf die Fragen / Vorschläge von Monsieur Hadj, indem du das Pronomen ***en*** und die **Mengenangaben** verwendest. Achte bei den Antworten darauf, ob Madame Leduc die Sachen heute kauft ***(aujourd'hui)***, gestern schon gekauft hat ***(hier)*** oder erst morgen kaufen wird ***(demain)***.

   a) – Vous prenez de l'eau minérale, madame ? – Non, j'en ai pris hier.
   b) – J'ai des bonnes bananes. – Non, …
   c) – Vous prenez du lait ? – Oui, …
   d) – Et des pommes ? – Non, …
   e) – Vous voulez de la crème ? – Non, …
   f) – Vous prenez du jus d'orange comme toujours ? – Oui, …
   g) – Je vous mets aussi des oranges ? – Non, …
   h) – Vous prenez de l'huile ? – Non, …
   i) – Et du beurre ? – Oui, …
   j) – Vous voulez peut-être aussi des pommes de terre ? – Non, …

Hier
eau minérale
pommes de terre

Aujourd'hui
lait (1 litre)
crème ✓
beurre (500 g)
jus d'orange (3 bouteilles)
huile ✓

Demain
bananes
oranges
pommes

4. Welcher Satz aus der zweiten Spalte gehört zu einem Satz der ersten Spalte. Verbinde die beiden Sätze mit einem **Relativpronomen** und schreibe die vollständigen Sätze in dein Heft.

a) Hier, j'ai vu un acteur.	Cette écharpe me plaît beaucoup.
b) J'ai acheté une écharpe.	Ce garçon a volé mon vélo.
c) Nadine lit un livre.	Il va souvent au cinéma Rex.
d) Marie va au café.	J'aime beaucoup cet acteur.
e) Je prépare un gâteau.	Elle a acheté ce livre à la gare.
f) Eric aime le cinéma Rex.	Mon grand-père aime beaucoup ce gâteau.
g) Je cherche le garçon.	Là, elle rencontre son petit copain.

5. Marc und Nicolas haben für Samstagabend eine Fete organisiert. Am Sonntag kommen ihre Eltern nach Hause. Welch böse Überraschung! Es gibt nichts mehr zu essen. Setze die Pronomen ***tout, toute, tous, toutes*** und **einen weiteren Begleiter** ein.

   Mme Legrand : Mais vous avez tout mangé ?
   Marc : Oui, maman, on a tout mangé.
   a) – Nous avons mangé ■ pizzas.
   b) – Nous avons bu ■ jus d'orange, ■ coca et ■ limonade.
   c) – On a aussi mangé ■ gâteau et ■ cacahuètes.
   d) Mme Legrand : Est-ce que vous avez aussi mangé ■ pêches et ■ oranges ?
   e) Marc : Non, mais on a mangé ■ salade et ■ œufs.
   f) – Et on a mangé aussi ■ pommes de terre. Mais je vais faire les courses tout de suite, maman.

▶ Die Lösungen findest du auf den Seiten 66–67.

Leçon 9

§ 51 Die reflexiven Verben (Präsens) – Les verbes pronominaux (présent)

Wie im Deutschen (z. B. „**sich** anziehen“, „**sich** amüsieren“) gibt es auch im Französischen reflexive Verben. Sie haben immer ein **Reflexivpronomen** bei sich, das sich auf das Subjekt (zurück)bezieht.

Il est huit heures. Les filles **se dépêchent**.	Es ist acht Uhr. Die Mädchen **beeilen sich**.
Elles **s'habillent** vite.	Sie **ziehen sich** rasch an.

se dépêcher (sich beeilen)			
je	**me**	dépêche	… mich
tu	**te**	dépêches	… dich
il / elle / on	**se**	dépêche	… sich
nous	**nous**	dépêchons	… uns
vous	**vous**	dépêchez	… euch
ils / elles	**se**	dépêchent	… sich

s'habiller (sich anziehen)			
je	**m'**	habille	… mich
tu	**t'**	habilles	… dich
il / elle / on	**s'**	habille	… sich
nous	**nous**	habillons	… uns
vous	**vous**	habillez	… euch
ils / elles	**s'**	habillent	… sich

R1 Die reflexiven Verben haben immer ein **Reflexivpronomen** bei sich ***(me, te, se, nous, vous, se)***. Vor Vokal oder stummem ***h*** werden sie zu ***m', t', s'*** verkürzt.

Naïma ne **se** dépêche **pas**.	Naïma beeilt sich nicht.
Elle va **s'** habiller dans la salle de bains.	Sie wird sich im Bad anziehen.
Elle **ne** veut **pas** **se** dépêcher.	Sie will sich nicht beeilen.

R2 Die **Verneinung** umschließt Reflexivpronomen und konjugiertes Verb. Beim ***Futur composé*** **und Verben + Infinitiv** stehen die Reflexivpronomen **vor dem Infinitiv**.

§ 52 Die Verben „devoir“ und „savoir“ – Les verbes « devoir » et « savoir »

	savoir	[savwaʀ]	wissen / können
je	**sais**	[ʒəsɛ]	ich weiß
tu	**sais**	[tysɛ]	du weißt
il		[ilsɛ]	er
elle	**sait**	[ɛlsɛ]	sie weiß
on		[õsɛ]	man
nous	sav**ons**	[nusavõ]	wir wissen
vous	sav**ez**	[vusave]	ihr wisst / Sie wissen
ils	sav**ent**	[ilsav]	sie wissen
elles		[ɛlsav]	

Passé composé : j'ai **su** [ʒesy]

	devoir	[dəvwaʀ]	müssen
je	**dois**	[ʒədwa]	ich muss
tu	**dois**	[tydwa]	du musst
il		[ildwa]	er
elle	**doit**	[ɛldwa]	sie muss
on		[õdwa]	man
nous	dev**ons**	[nudəvõ]	wir müssen
vous	dev**ez**	[vudəve]	ihr müsst / Sie müssen
ils	**doivent**	[ildwav]	sie müssen
elles		[ɛldwav]	

Passé composé : j'ai **dû** [ʒedy]

Achte auf den accent circonflexe: j'ai dû

§ 53 Artikel / Präpositionen bei Ländernamen – Articles / Prépositions avec les noms de pays

Im Französischen stehen die Ländernamen in der Regel **mit dem Artikel**.

J'aime bien **la France**, **le Portugal** et **les Pays-Bas**. Ich mag Frankreich, Portugal und die Niederlande sehr.

Es gibt im Französischen maskuline und feminine Ländernamen. (vgl. Schülerbuch S. 151):

- Ländernamen, die auf *-e* enden, sind in der Regel weiblich: la Franc**e**, la Suiss**e**, la Belgiqu**e**, l'Allemagn**e** *(f.)*, l'Itali**e** *(f.)*.
- Ländernamen, die im Singular **nicht** auf *-e* enden, sind männlich: le Luxembour**g**, le Canad**a**.
- Einige Ländernamen stehen im Plural, so z. B. **les** Pays-Bas *(m.)*.

Was für Ländernamen gilt, trifft übrigens auch auf Kontinente, Provinzen und Regionen zu: le Québec, la Normandie

Wenn du ein Land **als Ziel** (Frage: „Wohin?“) oder **als Aufenthaltsort** (Frage: „Wo?“) angeben möchtest, musst du folgende Besonderheiten beachten:

1. Wohin? / Wo?

	Femininum	Maskulinum	Plural
Je vais / Je passe mes vacances →	**en** France.	**au** Canada.	**aux** Pays-Bas.
	en Italie.	**au** Luxembourg.	
	en Belgique.	**au** Québec.	
	en Suisse.		

R3 Auf die Fragen **„Wo?“** und **„Wohin?“** steht bei **femininen** Ländernamen ***en*** **ohne Artikel.**
Bei **maskulinen** Ländernamen steht ***au*** *(à + le)* und bei den Ländernamen **im Plural** ***aux*** *(à + les)*.

Und so gibst du den **Herkunftsort** (Frage: Woher?) an:

2. Woher ?

	Femininum	Maskulinum	Plural
Je viens →	**de** France.	**du** Canada.	**des** Pays-Bas.
	d'Italie.	**du** Luxembourg.	
	de Belgique.	**du** Québec.	
	de Suisse.		

R4 Auf die Frage **„Woher?“** steht bei **femininen** Ländernamen ***de/d'*** **ohne Artikel.**
Bei **maskulinen** Ländernamen steht ***du*** *(de + le)* und bei den Ländernamen **im Plural** ***des*** *(de + les)*.

Zusammenfassung:

	le Canada	**la** Belgique	**les** Pays-Bas
Wo? Wohin?	**au** Canada	**en** Belgique	**aux** Pays-Bas
Woher?	**du** Canada	**de** Belgique	**des** Pays-Bas

§ 54 Die Relativpronomen „ce qui" und „ce que" – Les pronoms relatifs « ce qui » et « ce que »

W Aus § 46 kennst du schon die Relativpronomen ***qui*** und ***que***:

Jean est un garçon **qui**	vient du Canada.	(„Wer?" oder „Was?")	→	Subjekt
C'est un garçon **que**	Naïma aime bien.	(„Wen?" oder „Was?")	→	direktes Objekt

NEU Nun lernst du ***ce qui*** und ***ce que*** kennen. Sie entsprechen dem deutschen Relativpronomen **„was"**:

Ce qui amuse les jeunes, c'est l'accent en Suisse.	**Was** die Jugendlichen amüsiert, ist der Akzent in der Schweiz.
Faites **ce que** vous voulez.	Macht, **was** ihr wollt.
On fait **ce qu'**on peut.	Man tut, **was** man kann.

R5 Das deutsche Relativpronomen „was" wird mit ***ce qui*** und ***ce que*** übersetzt.
Ce qui ist **Subjekt**, ***ce que*** ist **direktes Objekt** des folgenden Verbs.
Ce que wird vor Vokal und stummem ***h*** zu ***ce qu'*** verkürzt.

Ce qui oder ce que ?
qc amuse
qc ist Subjekt → Ce qui amuse les jeunes

faire qc
qc ist direktes Objekt → faire ce qu'on veut

Tout compris ?

1. Setze die passenden Formen der in den Klammern stehenden reflexiven Verben ein.

a) Régis et Sonia (s'occuper) des activités au centre.
Régis : Tu (s'occuper) de la randonnée ?
Sonia : Oui, et je (s'occuper) aussi du pique-nique !

b) Monsieur Lagrange (s'arrêter) devant la chambre de ses fils.
Le père : Vous (s'amuser) bien, les enfants ?
Les fils : Nous (ne pas s'amuser), papa. Nous faisons nos devoirs.

c) Un animateur parle à son groupe :
L'animateur : Vous (se lever) à quelle heure ?
Luc : On (se lever) à huit heures.
L'animateur : Et toi, quand est-ce que tu (se réveiller) ?
Nathalie : Euh, je (se réveiller) à huit heures et demie.
L'animateur : Ecoutez, c'est terminé : Vous (ne plus aller se lever) à huit heures ou à huit heures et demie. Vous (aller se lever) à six heures et demie. Compris ?

2. Setze die passenden Präpositionen mit oder ohne Artikel ein.

A la gare, Anne de Villèle de Radio Paname pose des questions aux jeunes.

a) – Tu viens d'où ?
– Moi, je viens ■ Canada.
– Et toi, tu vas où ?
– Je vais ■ Belgique et après ■ Pays-Bas.

b) – Et toi ?
– Moi, je viens ■ Pays-Bas. Je vais rester dix jours ■ France et après, je vais partir ■ Italie.

c) – Et vous ? Vous venez ■ Luxembourg ?
– Non, on vient ■ Suisse. Mais l'été dernier, on est allé ■ Luxembourg et ■ Allemagne.

3. Übersetze.

a) Was mich amüsiert, ist deine Art zu tanzen.
b) Was er sagt, ist richtig.
c) Was die Leute sagen, interessiert mich nicht.
d) Was Vincent nicht mehr mag, ist der Gruyère.
e) Das ist alles, was ich für euch machen kann.

▶ Die Lösungen findest du auf Seite 67.

LEÇON 1

1. a) Tu t'appelles comment ?
   b) Tu es Nicolas ?
   c) Qui est-ce ?

2. a) Nicolas aime **le** cours de théâtre.
   b) Dans **le** théâtre, il regarde **les** photos de monsieur Rollin.
   c) Sur **les** photos, il y a **les** copains de Marie.
   d) Il y a **la** scène avec **la** table et **les** acteurs.
   e) Monsieur Rollin aime **la** musique et **la** danse.

3. a) Voilà **une** invitation pour ***un*** match ou **un** concert.
   b) Sur la scène, il y a **des** filles et ***des*** garçons. Ce sont ***des*** acteurs.
   c) Tu es **une** copine de Julien ?
   d) Marie est **une** star.

4. a) Nous **sommes** à Paris.
   b) **Vous** êtes dans le théâtre de l'Epouvantail.
   c) Tu **es** où ?
   d) Julien **est** sur la scène.
   e) Les filles ? Elles **sont** dans le théâtre.
   f) **Je** suis à Marseille.

5. a) Marie et Naïma sont sur la scène. Elles jouent.
   b) Marie cherche une lettre.
   c) Marie, tu es cool.
   d) Julien et Nicolas regardent la scène. Ils cherchent des idées.
   e) Nous organisons (On organise) un concert et vous invitez des copains.

LEÇON 2

1. a) Tu **vas** où aujourd'hui ? Tu **vas au** cours de théâtre
      ou **au** cinéma ? – Je vais **au** cinéma. L'animateur
      n'est pas là aujourd'hui. Il **va au** concert.
   b) Bon, nous **allons** ensemble au cinéma. Naïma et Mathilde **vont à la** MJC.
      Il y **a** un concert.
   c) Vous **allez à** l'atelier photo ?
      – Non, nous **allons à la** fête de Nicolas.
      – Vous **avez** les photos **du** quartier ?
      – Non, nous **avons** les photos **du** concert et **du** cours de théâtre.
      Julien **a** les photos **du** quartier.

2. a) Vous faites le **zéro cinq – dix-huit – vingt – seize**.
   b) Vous faites le **zéro trois – quinze – dix-neuf – zéro huit**.
   c) Vous faites le **zéro quatre – zéro sept – douze – dix**.
   d) Vous faites le **zéro deux – seize – dix-neuf – quatorze**.

3. a) **Est-ce que** tu vas au cinéma ?
   b) **Qu'est-ce que** tu fais aujourd'hui ?
   c) **Est-ce que** Nicolas et Marc aiment le foot ?
   d) **Est-ce que** vous regardez le match de foot ?
   e) **Qu'est-ce qu**'on fait ?
   f) **Est-ce qu**'il y a un concert aujourd'hui ?

LEÇON 3

1. a) Sarah fait la tête : « Où est **mon** chien ? »
   b) Elle explique **son** problème à Jérémy.
   c) Le frère écoute **sa** sœur.
   d) Puis, ils cherchent **leur** chien.
   e) Ils demandent à **leurs** voisins : « Où est **notre** chien ? »
   f) Un voisin, monsieur Dufour, demande :
   « **Votre** chien ? Mais regardez : Il est ici, dans **notre** jardin. »
   g) Monsieur Dufour montre **son** jardin à **ses** voisins.
   h) « Ecoute Goliath, **tes** amis sont là ! »

2. a) **Fais** tes devoirs.
   b) **Allons** au cinéma.
   c) **Rentrez** à 10 heures.
   d) **Prends** le portable et **fais** le numéro…

3. a) **Qu'est-ce que** tu fais aujourd'hui ?
   b) **Que** fait Naïma ?
   c) **Pourquoi est-ce qu'**Anne téléphone à son prof ?
   d) **Quand est-ce que** vous allez à la MJC ?
   e) **Où** est Nicolas ?
   f) **Que** font les acteurs ?

4. a) Monsieur Rollin explique **une scène aux acteurs**.
   b) Les voisins montrent **une annonce à Marie**.
   c) Madame Laroche raconte **une histoire à ses enfants**.
   d) Monsieur Laroche donne **une lettre à sa fille**.

5. a) trente-quatre
   b) soixante-six
   c) quarante-et-un
   d) vingt-sept
   e) cinquante-neuf

LEÇON 4

1. a) – Qu'est-ce que tu **lis** ?
   – Je **lis** la lettre de Marc.
   b) – En France, on **dit** « Salut » au prof ?
   – Non, nous **disons** « Bonjour, monsieur ».
   c) – Vous **écrivez** encore des lettres ?
   – Non, nous **écrivons** des SMS.

2. a) – Non, je **ne** prends **pas de** photos.
   b) – Non, nous **n'**allons **plus** au collège. / Non, je **ne** vais **plus** au collège.
   c) – Non, ils **n'**écrivent **plus de** lettres.
   d) – Non, je **ne** vais **pas** visiter le square Trousseau, mais la place de la Bastille.
   e) – Non, nous **n'**avons **pas** rendez-vous avec Max au café, mais devant le cinéma Bastille. /
   Non, je **n'**ai **pas** rendez-vous avec Max…
   f) – Non, ce **ne** sont **pas des** amies.
   g) – Non, je **n'**aime **pas le** skate.

3. a) Il est **quatre heures et quart**.
   b) Il est **cinq heures et demie**.
   c) Il est **six heures dix**.
   d) Il est **quatre heures moins vingt**.

4. a) **Elle dit qu'elle** arrive à 4 heures.
   b) **Elle dit que Michael** va arriver à 4 heures et quart.
   c) **Elle demande si je vais** être là aussi.
   d) **Elle demande si** on va aller au cinéma.
   e) **Elle demande si** j'arrive avec ma copine.
   f) **Elle dit qu'elle** aime le cinéma.

5. a) 193 b) 978 c) 851 d) 671 e) 81

LEÇON 5

1. a) Oui, je **l'**aime bien. / Non, je ne **l'**aime pas.
   b) Oui, je vais **le** visiter. / Non, je ne vais pas **le** visiter.
   c) Oui, je **lui** donne le plan. / Non, je ne **lui** donne pas le plan.
   d) Oui, nous allons **vous** montrer la tour Eiffel. /
   Non, nous n'allons pas **vous** montrer la tour Eiffel.
   e) Oui, nous **les** aimons. / Non, nous ne **les** aimons pas.
   f) Oui, je **t'**écoute. / Non, je ne **t'**écoute pas.
   g) Oui, je **leur** écris. / Non, je ne **leur** écris pas.

2. a) tu **sors** / Je ne **sors** pas.
   b) vous **partez** / Nous **partons** / **Partons**.
   c) Les enfants ne **dorment** pas. / Alors **dormez** bien…
   d) Le chien ne **sort** pas. / **Sors**…

3. a) Elle **écrit** des histoires **marrantes**.
   b) Nous **lisons** des **bons** livres.
   c) Il **a** une **grande** maison à Paris.
   d) Elle **raconte** son **petit** problème.
   e) La place du Tertre **est jolie**.

LEÇON 6

1. a) **Je suis allée** chez Valérie.
   b) **Nous sommes parties** ensemble à huit heures et **nous sommes allées** à la station de métro.
   c) Là, **nous avons rencontré** Nicolas et Marc.
   d) **Nicolas** nous **a montré** la station, puis **nous avons pris** le métro.
   e) **Nous sommes arrivés** en ville vingt minutes après.
   f) D'abord, **nous sommes entrés** dans un café.
   g) Puis **les garçons sont allés** dans un magasin de sport.
   h) Valérie et moi, **nous sommes restées** au café.
   i) **Nous avons pris** un café et **nous avons discuté**.
   j) Une heure après, **les garçons sont arrivés** au café et **nous sommes restés** un peu.
   k) Puis moi, **je suis rentrée** à la maison, **les autres sont allés** au cinéma.

2. a) – Non, je ne veux pas le prendre.
   b) – Oui, je peux leur téléphoner.
   c) – Oui, il faut les faire.
   d) – Non, il ne faut pas l'écrire.
   e) – Non, nous ne voulons pas la faire.
   f) – Non, je ne peux pas te donner les devoirs.

3. a) – Est-ce que vous avez répété la pièce hier ?
   b) – Oui, mais nous pouvons / voulons la répéter encore une fois aujourd'hui.
   c) – D'accord, je répète la pièce avec vous.
   Marc, tu peux lire le texte ? Après on peut / veut répéter ensemble.
   d) – Est-ce que je peux prendre le rôle d'Elisabeth ?
   e) – Non, on répète les rôles comme la dernière fois. Tu peux prendre le rôle une autre fois. Aujourd'hui, nous pouvons / voulons jouer sur la scène. Est-ce que vous voulez / pouvez mettre vos costumes ?
   f) – Hier déjà, on a répété avec les costumes. Mais nous pouvons / voulons les mettre encore une fois. C'est plus joli.

LEÇON 7

1. a) – Les deux filles, là, elles essaient tout.
   – Mais elles n'achètent rien.
   b) – Je préfère le pantalon noir. Alors, je l'essaie.
   – Il te va très bien. Tu l'achètes ?
   c) – Maintenant, mets la jupe verte.
   – Non.
   – Mais si : tu l'essaies et après, tu décides.
   d) – Vous préférez quelle veste ?
   – La grise.
   – Alors vous l'essayez ?
   – D'accord.
   e) – Je le mets où, mon sac ?
   – Mettez votre sac sur la table s'il vous plaît.
   f) – On achète aussi le pull rouge ?
   – Non, nous n'achetons plus rien.

2. a) – Vous êtes à quelle école ?
   b) – Vous lisez quels livres et quelles BD ?
   c) – Vous aimez quelle musique ?
   d) – Vous faites quel sport ?
   e) – Vous êtes dans quels ateliers ?
   f) – Quelles questions !

3. a) – Ce matin, les soldes ont commencé.
   b) – Regarde cette jupe jaune et cet anorak blanc.
   c) – Ah non, ces couleurs ne me vont pas.
   d) – Et ces pantalons ?
   e) – D'accord. Je vais essayer ce pantalon beige.

4. a) – **Quelles** photos est-ce que tu regardes ?
   b) – Elles sont **belles**. Ce sont des **nouvelles** photos ?
   c) – Non, elles sont **vieilles**.
   d) – Tu aimes **cet** acteur ?
   e) – **Quel** acteur ?
   f) – **Cet** acteur, là, sur **cette** photo ?
   g) – **Quel bel** acteur !
   h) – Oui, il est **beau** dans sa **nouvelle** voiture.
   i) – Regarde **ce vieil** immeuble et **ces beaux** jardins.
   j) – Oh, il est très **vieux**, **cet** immeuble.

5. M. Laroche : Qui veut du café ?
   Mme Laroche : **Moi**.
   M. Laroche : Et **toi** ?
   Jérémy : Non merci, papa. Ecoute, tu n'as pas envie de faire du skate avec **moi** ? Tu peux venir avec **nous**, mes amis sont d'accord.
   M. Laroche : Ah non, hier, tu as dit à maman : « Papa et le skate ? A son âge, c'est trop difficile pour **lui** ! » Alors là, je suis d'accord avec **toi**. Jérémy part avec ses copains et les parents, **eux**, restent à la maison. M. Laroche, **lui**, est très content d'avoir le temps de lire son livre préféré.

LEÇON 8

1. … il achète **du** sucre, **des** oranges, **de l'**huile, **du** lait et **des** œufs.

2. … elle achète une **bouteille d'h**uile, cinq **bouteilles d'e**au minérale, **beaucoup d'o**ranges, un **litre de** lait et **200 g de** crème.

3 b) – Non, je vais **en** prendre demain.
  c) – Oui, j'**en** prends **un litre**.
  d) – Non, je vais **en** prendre demain.
  e) – Non, je n'**en** veux pas.
  f) – Oui, j'**en** prends **trois bouteilles**.
  g) – Non, je vais **en** prendre demain.
  h) – Non, je n'**en** prends pas.
  i) – Oui, j'**en** prends **500 g**.
  j) – Non, j'**en** ai pris hier.

4 a) – Hier, j'ai vu un acteur **que** j'aime beaucoup.
  b) – J'ai acheté une écharpe **qui** me plaît beaucoup.
  c) – Nadine lit un livre **qu'**elle a acheté à la gare.
  d) – Marie va au café **où** elle rencontre son petit copain.
  e) – Je prépare un gâteau **que** mon grand-père aime beaucoup.
  f) – Eric aime le cinéma Rex **où** il va souvent.
  g) – Je cherche le garçon **qui** a volé mon vélo.

5. a) Nous avons mangé **toutes les pizzas**.
   b) Nous avons bu **tout** le jus d'orange, **tout le coca** et **toute la limonade**.
   c) On a aussi mangé **tout le gâteau** et **toutes les cacahuètes**.
   d) Mme Legrand : Est-ce que vous avez aussi mangé **toutes les pêches** et **toutes les oranges** ?
   e) Marc : Non, mais on a mangé **toute la salade** et **tous les œufs**.
   f) Et on a mangé aussi **toutes les pommes de terre**. Mais je vais faire les courses tout de suite, maman.

LEÇON 9

1. a) Régis et Sonia **s'occupent** des activités au centre.
   Régis : Tu **t'occupes** de la randonnée ?
   Sonia : Oui, et je **m'occupe** aussi du pique-nique !
   b) Monsieur Lagrange **s'arrête** devant la chambre de ses fils.
   Le père : Vous **vous amusez** bien, les enfants ?
   Les fils : Nous **ne nous amusons pas**, papa. Nous faisons nos devoirs.
   c) Un animateur parle à son groupe :
   L'animateur : Vous **vous levez** à quelle heure ?
   Luc : On **se lève** à huit heures.
   L'animateur : Et toi, quand est-ce que tu **te réveilles** ?
   Nathalie : Euh, je **me réveille** à huit heures et demie.
   L'animateur : Ecoutez, c'est terminé : Vous **n'allez plus vous lever** à huit heures ou à huit heures et demie. Vous **allez vous lever** à six heures et demie. Compris ?

2. a) – Tu viens d'où ?
   – Moi, je viens **du** Canada.
   – Et toi, tu vas où ?
   – Je vais **en** Belgique et après **aux** Pays-Bas.
   b) – Et toi ?
   – Moi, je viens **des** Pays-Bas. Je vais rester dix jours **en** France et après, je vais partir **en** Italie.
   c) – Et vous ? Vous venez **du** Luxembourg ?
   – Non, on vient **de** Suisse. Mais l'été dernier, on a été **au** Luxembourg et **en** Allemagne.

3. a) **Ce qui** m'amuse, c'est ta façon de danser.
   b) **Ce qu'**il dit est vrai.
   c) **Ce que** les gens disent ne m'intéresse pas.
   d) **Ce que** Vincent n'aime plus, c'est le gruyère.
   e) C'est tout **ce que** je peux faire pour vous.

1 Die Begleiter – Les déterminants

der unbestimmte Artikel (§ 4)	
Maskulinum	**Femininum**
un théâtre	**une** fille
des copains	
ein Theater	**ein** Mädchen
Freunde	

der bestimmte Artikel (§ 2)		
Maskulinum	**Maskulinum/Femininum**	**Femininum**
le prof	**l'**ami / **l'**affiche	**la** bouteille
les profs / **les** amis / **les** bouteilles		
der Lehrer	**der** Freund / **das** Plakat	**die** Flasche
die Lehrer / **die** Freunde / **die** Flaschen		

die Demonstrativbegleiter (§ 37)	
Maskulinum	**Femininum**
ce garçon / **cet** ami	**cette** maison / **cette** amie
ces garçons / **ces** amis / **ces** maisons	
dieser Junge / **dieser** Freund	**dieses** Haus / **diese** Freundin
diese Jungen / **diese** Freunde / **diese** Häuser	

die Possessivbegleiter (§ 12)				
ein „Besitzer“	**Maskulinum**		**Femininum**	
	mon copain / **mon**‿ami	mein	**ma** copine / **mon**‿amie	meine
Nomen im Singular	**ton** copain / **ton**‿ami	dein	**ta** copine / **ton**‿amie	deine
	son copain / **son**‿ami	sein / ihr	**sa** copine / **son**‿amie	seine / ihre
	Maskulinum / Femininum			
Nomen im Plural	**mes**, **tes**, **ses** copains / copines		meine / deine / seine / ihre	
mehrere „Besitzer“	**Maskulinum / Femininum**			
	notre copain / copine		unser / unsere	
Nomen im Singular	**votre** copain / copine		euer / eure // Ihr / Ihre	
	leur copain / copine		ihr / ihre	
	nos copains / copines		unsere	
Nomen im Plural	**vos** copains / copines		eure / ihre	
	leurs copains / copines		ihre	

Die Interrogativbegleiter (§ 36)			
Maskulinum		**Femininum**	
Quel film ?	**Quel** ami ?	**Quelle** chanson ?	**Quelle** amie ?
Quels films ?	**Quels** amis ?	**Quelles** chansons ?	**Quelles** amies ?
Welcher Film? Welche Filme?	Welcher Freund? Welche Freunde?	Welches Lied? Welche Lieder?	Welche Freundin? Welche Freundinnen?

2 Die Personalpronomen – Les pronoms personnels (§§ 3, 25, 41)

– Allô, c'est **moi**, Eric. **Tu m'**entends ?
– Bien sûr, **tu** arrives quand, **toi** ?
– Aujourd'hui. **Je vous** ai écrit une lettre.
Papa veut **nous** voir.
– Oui, **je lui** ai déjà dit bonjour.
– **Tu** as pensé aux enfants ?
– Oui, bien sûr, **je leur** ai acheté des cadeaux.

– Hallo, **ich** bin's, Eric. Hörst **du mich**?
– Na klar! Wann kommst **du** an?
– Heute. **Ich** habe **euch** einen Brief geschrieben.
Papa möchte **uns** sehen.
– Ja, **ich** habe **ihm** schon Guten Tag gesagt.
– Hast **du** an die Kinder gedacht?
– Ja natürlich, **ich** habe **ihnen** Geschenke gekauft.

		Subjekt- und Objektpronomen			**unverbundene Pronomen**
	Person	**Subjekt**	**direktes Objekt**	**indirektes Objekt**	
Sg.	1.	**je**	**me / m'**	**me / m'**	**moi**
	2.	**tu**	**te / t'**	**te / t'**	**toi**
	3.	**il / elle / on**	**le / l' / la**	**lui**	**lui, elle**
Pl.	1.	**nous**	**nous**	**nous**	**nous**
	2.	**vous**	**vous**	**vous**	**vous**
	3.	**ils / elles**	**les**	**leur**	**eux, elles**

3 Form und Stellung des Adjektivs – La forme et la place de l'adjectif (§ 27)

a) Form:

	m.	*f.*	*m.*	*f.*	*m.*	*f.*	*m.*	*f.*
Sg.	marrant	marrant**e**	pauvre	pauvre	amoureux	amoureu**se**	joli	joli**e**
Pl.	marrant**s**	marrant**es**	pauvre**s**	pauvre**s**	amoureux	amoureu**ses**	joli**s**	joli**es**
Ebenso:	bleu, content, grand…		difficile, jeune		nerveux, joyeux		vrai, branché…	

	m.	*f.*	*m.*	*f.*	*m.*	*f.*	*m.*	*f.*
Sg.	bon	bon**ne**	gris	gris**e**	dernier	derni**ère**	génial	génial**e**
Pl.	bon**s**	bon**nes**	gris	gris**es**	dernier**s**	derni**ères**	géni**aux**	génial**es**
Ebenso:	mignon		mauvais…		premier…			

Sonderformen:

⚠ blanc / blanche
nul / nulle
cher / chère
roux / rousse
long / longue

beau / bel / belle / beaux / belles
nouveau / nouvel / nouvelle / nouveaux / nouvelles
vieux / vieil / vieille / vieux / vieilles
(vgl. **§ 39**)

unveränderlich:
marron
super
cool

b) Stellung der Adjektive:

Die **meisten** Adjektive stehen **nach** dem Nomen: *C'est une **idée marrante**.*
Nur **wenige** Adjektive stehen **vor** dem Nomen: *C'est une **bonne idée**.* Zu dieser Gruppe gehören:

autre	bon	grand	vieux	gros	beau
premier	mauvais	petit	jeune	nouveau	joli

4 Die Verneinung – La négation (§§19, 23)

ne… pas **ne… jamais** **ne… plus**	Je **ne** réponds **pas**. Je **n'**ai **jamais** répondu. Je **ne** vais **plus** écouter.	… nicht … nie(mals) … nicht mehr

ne… rien	Je **ne** fais **rien**. Je **n'**ai **rien** fait. Je **ne** vais **rien** faire.	… nichts

Vous avez **une** maison ? Vous avez **des** frères ?	Non, nous **n'**avons **pas de** maison. Non, nous **n'**avons **pas de** frères.	… haben kein Haus. … haben keine Brüder.
Tu **aimes les** pommes ? * Sur la photo, ce **sont des** amis ? Tu as __ faim ?	Non, je **n'**aime **pas les** pommes. Non, ce **ne** sont **pas des** amis. Non, je n'ai pas __ faim.	… mag keine Äpfel. … sind keine Freunde. … habe keinen Hunger.

* Ebenso bei *adorer*, *détester* und *préférer*.

5 Fragen stellen – Poser des questions (§§1, 9, 15)

Tu aimes le foot ? Tu t'appelles comment ?	**Intonationsfrage** **Frage mit nachgestelltem Fragewort**	vorwiegend gesprochene Sprache
Est-ce que tu aimes le foot ? Quand **est-ce que** tu pars ? Où **est-ce que** tu vas ? Qu'**est-ce que** c'est ?	**Umschreibungsfrage mit *est-ce que***	gesprochene und geschriebene Sprache

6 Die Relativpronomen – Les pronoms relatifs (§§46, 54)

Marie, **qui** vient aujourd'hui, va sortir avec nous.	… **die** heute kommt, … (Wer?)
Nous allons aider le prof **qui** organise la fête.	… **der** das Fest organisiert. (Wer?)
C'est le prof **que** nous aimons beaucoup.	… **den** wir sehr schätzen. (Wen?)
Le livre **que** tu cherches est sur ton lit.	… **das** du suchst, … (Wen? / Was?)
C'est le théâtre **où** nous jouons.	… **wo / in dem** wir spielen.
Je lis **ce qui** m'intéresse.	… **was** mich interessiert. (Wer? / Was?)
Fais **ce que** tu veux.	… **was** du willst. (Wen? / Was?)

7 Die Präpositionen – Les prépositions

Il arrive **à** la gare.	**an / am**	… **am** Bahnhof.
Il met l'anorak **sur** la table. Les copains jouent **dans** la rue. Elle m'appelle **sur** mon portable.	**auf**	… **auf** den Tisch. … **auf** der Straße. … **auf** dem Handy.
Elle est **chez** ses copines. J'ai toujours mon portable **sur** moi.	**bei**	… **bei** ihren Freundinnen. … **bei** mir.
Il travaille **de** 3 heures **à** 8 heures.	**von … bis**	… **von** 3 Uhr **bis** 8 Uhr.
Voilà une lettre **pour** toi.	**für**	… **für** dich.
La voiture est **derrière** la maison.	**hinter**	… **hinter** dem Haus.
Le portable est **dans** mon sac. La rue Trousseau est **à** Paris. Ils habitent __ **rue de Charonne**. Aujourd'hui, on va **au** cinéma. J'ai trouvé des informations **sur** Internet.	**in / ins / im**	… **in** meiner Tasche. … **in** Paris. … **in** der Charonne-Straße. … **ins** Kino. … **im** Internet.
Je sors **avec** elle.	**mit**	… **mit** ihr.
Je rentre **à** la maison. **Après** le foot, on va au café.	**nach**	… **nach** Hause (*örtlich*). **Nach** dem Fußball, … (*zeitlich*).
A côté du collège, il y a un square.	**neben / nahe bei**	**Neben** dem Collège …
Je vais partir **sans** toi.	**ohne**	… **ohne** dich.
Elle habite ici **depuis** une semaine.	**seit**	… **seit** einer Woche.
Les chaussures sont **sous** le lit.	**unter**	… **unter** dem Bett.
Devant la maison, il y a des vélos. **Avant** les vacances, on travaille beaucoup.	**vor**	**Vor** dem Haus … (*örtlich*). **Vor** den Ferien … (*zeitlich*).
Ne parlez pas **pendant** les cours.	**während**	… **während** des Unterrichts.

8 Regelmäßige und unregelmäßige Verben – Les verbes réguliers et irréguliers

1. Die Verben auf *-er*

Infinitiv		Präsens	Passé composé	Imperativ
regarder betrachten	je tu il / elle / on nous vous ils/elles	regard**e** regard**es** regard**e** regard**ons** regard**ez** regard**ent**	j'ai regard**é**	Regarde… Regardons… Regardez…

Ebenso: alle regelmäßigen Verben auf *-er*

Infinitiv		Präsens	Passé composé	Imperativ
entrer eintreten	j' tu il / elle / on nous vous ils/elles	entr**e** entr**es** entr**e** entr**ons** entr**ez** entr**ent**	il **est** entr**é** elle **est** entr**ée** nous **sommes** entr**é(e)s**	Entre… Entrons… Entrez…

Beachte!

Von den regelmäßigen Verben auf ***-er*** bilden **arriver** (ankommen), **entrer** (eintreten), **monter** (hinaufsteigen), **rentrer** (zurückkehren), **rester** (bleiben) und **retourner** (zurückkehren) das **Passé composé** mit **être**.

Infinitiv		Präsens	Passé composé	Imperativ
acheter kaufen	j' tu il / elle / on nous vous ils/elles	ach**è**te ach**è**tes ach**è**te achetons achetez ach**è**tent	j'ai acheté	Ach**è**te… Achetons… Achetez…

Infinitiv		Präsens	Passé composé	Imperativ
répéter wiederholen	je tu il / elle / on nous vous ils/elles	rép**è**te rép**è**tes rép**è**te répétons répétez rép**è**tent	j'ai répété	Rép**è**te… Rép**é**tons… Rép**é**tez…

Ebenso: **préférer** (vorziehen)

Infinitiv		Präsens	Passé composé	Imperativ
manger essen	je tu il / elle / on nous vous ils/elles	mange manges mange mang**e**ons mangez mangent	j'ai mangé	Mange… Mang**e**ons… Mangez…

Ebenso: **déménager** (umziehen)

2. Die Verben auf *-dre*

Infinitiv		Präsens	Passé composé	Imperativ
répondre antworten	je tu il / elle / on nous vous ils/elles	répond**s** répond**s** répond répondons répondez répondent	j'ai répond**u**	Réponds… Répondons… Répondez…

Ebenso: **descendre*** (hinuntergehen), **entendre** (hören)

3. Die Verben auf *-ir* (Gruppe: *dormir*)

Infinitiv		Präsens	Passé composé	Imperativ
dormir schlafen	je tu il / elle / on nous vous ils/elles	dor**s** dor**s** dor**t** dor**mons** dor**mez** dor**ment**	j'ai dorm**i**	Dors… Dormons… Dormez…

Ebenso: **partir*** (weggehen/-fahren), **sortir*** (ausgehen)

* Diese Verben bilden das *Passé composé* mit *être*. Achte auf die Angleichung des *Participe passé* ans Subjekt (vgl. §31).

4. Unregelmäßige Verben

Infinitiv		Präsens	Passé composé	Imperativ
aller gehen / fahren	je tu il / elle / on nous vous ils/elles	vais vas va allons allez vont	je **suis allé,e**	**Va**… Allons… Allez…
avoir haben	j' tu il / elle / on nous vous ils/elles	ai as a avons avez ont	j'ai **eu**	
boire trinken	je tu il / elle / on nous vous ils/elles	bois bois boit **bu**vons **bu**vez boivent	j'ai **bu**	Bois… Buvons… Buvez…

Infinitiv		Präsens	Passé composé	Imperativ
devoir müssen	je tu il / elle / on nous vous ils/elles	dois dois doit devons devez doivent	j'ai **dû**	
dire sagen	je tu il / elle / on nous vous ils/elles	dis dis dit disons **dites** disent	j'ai **dit**	Dis… Disons… **Dites**…
écrire schreiben Ebenso: **décrire** (beschreiben)	j' tu il / elle / on nous vous ils/elles	écris écris écrit écrivons écrivez écrivent	j'ai **écrit**	Ecris… Ecrivons… Ecrivez…
être sein	je tu il / elle / on nous vous ils/elles	suis es est sommes êtes sont	j'ai **été**	
faire machen	je tu il / elle / on nous vous ils/elles	fais fais fait faisons fai**tes** **font**	j'ai **fait**	Fais… Faisons. **Faites.**
lire lesen	je tu il / elle / on nous vous ils/elles	lis lis lit lisons lisez lisent	j'ai **lu**	Lis… Lisons… Lisez…
mettre setzen, stellen, legen	je tu il / elle / on nous vous ils/elles	me**ts** me**ts** met mettons mettez mettent	j'ai **mis**	Mets… Mettons… Mettez…

Infinitiv		Präsens	Passé composé	Imperativ
pouvoir können	je tu il / elle / on nous vous ils/elles	**peux** **peux** **peut** pouvons pouvez **peuv**ent	j'ai **pu**	
prendre nehmen Ebenso: **apprendre** (lernen), **comprendre** (verstehen)	je tu il / elle / on nous vous ils/elles	prends prends prend prenons prenez pre**nn**ent	j'ai **pris**	Prends… Prenons… Prenez…
savoir wissen	je tu il / elle / on nous vous ils/elles	**sais** **sais** **sait** savons savez savent	j'ai **su**	
venir kommen	je tu il / elle / on nous vous ils/elles	**viens** **viens** **vient** venons venez **viennent**	je **suis venu,e**	Viens… Venons… Venez…
voir sehen	je tu il / elle / on nous vous ils/elles	vois vois voit vo**y**ons vo**y**ez voient	j'ai **vu**	Vois… Voyons… Voyez…
vouloir wollen	je tu il / elle / on nous vous ils/elles	**veux** **veux** **veut** voulons voulez **veulent**	j'ai **voulu**	

- In der linken Spalte stehen die im *Cours intensif* verwendeten Begriffe. Die Angaben in Klammern nennen die Stelle, an der du in diesem Heft etwas über den Begriff erfährst (Rév. = Révision). Die Begriffe sind alfabetisch sortiert.
- In der mittleren Spalte stehen Bezeichnungen, die du vielleicht aus dem Deutschunterricht kennst. Manchmal stehen dort auch Begriffe, die zwar in dieser Grammatik nicht vorkommen, aber möglicherweise von deiner Lehrerin / deinem Lehrer gebraucht werden.
- In der rechten Spalte findest du die französischen Entsprechungen sowie französische Beispiele.

Verwendete Bezeichnungen	Entsprechungen / Erklärungen	Französische Bezeichnungen und Beispiele
das Adjektiv (§§ 27, 39; Rév. 3)	das Eigenschaftswort	**l'adjectif** *(m.)* : *une* ***grande*** *maison, la maison est* ***grande***
der Artikel **– bestimmter ~** (§ 2, Rév. 1) **– unbestimmter ~** (§ 4, Rév. 1)	das Geschlechtswort	**l'article** *(m.)* : **~ défini :** ***le*** *copain ;* ***la*** *copine* ***les*** *copains /* ***les*** *copines ;* **~ indéfini :** ***un*** *copain ;* ***une*** *copine ;* ***des*** *copains /* ***des*** *copines*
der Aussagesatz (§§ 1, 9, 15)		**la phrase déclarative :** *Marie est une fille.*
der Begleiter	Wörter, die nur in Verbindung mit einem Nomen vorkommen und diesem vorausgehen	**le déterminant :** ***Cette*** *fille est* ***une*** *copine de Marie.* *Marc adore* ***le*** *sport.* *Ahmed aide* ***sa*** *mère.*
der Demonstrativbegleiter (§ 37, Rév. 1)	hinweisendes Fürwort	**l'adjectif démonstratif / le déterminant démonstratif** *J'adore* ***cette*** *musique.*
die Endung (des Verbs)		**la terminaison** (du verbe) : *je par****s****, nous part****ons***
die Entscheidungsfrage (§§ 1, 9; Rév. 5)	die Gesamtfrage / die Ja-Nein-Frage	**l'interrogation globale :** *C'est Marie ?* *Est-ce que Marie a un chien ?*
die Ergänzungsfrage (§§ 1, 9, 15; Rév. 5)	die Frage mit Fragewort	**l'interrogation partielle :** ***Que*** *font les jeunes ?* ***Quand est-ce que*** *tu arrives ?* *Tu vas* ***où*** *?*
die *est-ce que*-Frage (§§ 9, 15; Rév. 5)	die Umschreibungsfrage	**l'interrogation avec « est-ce que » :** ***Est-ce que*** *tu aimes le foot ?* *Qu'****est-ce qu'****elle fait aujourd'hui ?*
das Femininum (§ 2, Rév. 1)	das weibliche Geschlecht	**le genre féminin :** ***une*** *petite rue ;* ***la*** *famille*
das Fragepronomen	das Interrogativpronomen, das Fragefürwort	**le pronom interrogatif :** ***Qui*** *est Laurent ?*
der Fragesatz (§§ 1, 9, 15; Rév. 5)		**la phrase interrogative :** *Qui est-ce ? Qu'est-ce que tu fais ?*
das *Futur composé* (§ 21)	die „zusammengesetzte Zukunft“ (es wird aus *aller* + Infinitiv **zusammengesetzt**)	**le futur composé :** *Demain, nous* ***allons sortir*** *ensemble.*

Verwendete Bezeichnungen	Entsprechungen / Erklärungen	Französische Bezeichnungen und Beispiele
das Genus (§ 1)	das grammatische Geschlecht (im Frz. nur: Femininum / Maskulinum)	**le genre :** ***un*** *copain ;* ***une*** *copine*
der Imperativ (§ 13)	die Befehlsform	**l'impératif** *(m.)* **:** ***Ecoutez.*** ***N'oublie pas*** *tes livres !*
die indirekte Rede (§ 22)	die wiedergegebene Rede	**le discours indirect :** ***Elle dit qu'****elle va au cinéma.*
die indirekte Frage (§ 22)	die wiedergegebene Frage	**l'interrogation indirecte :** ***Jérôme demande si*** *tu vas au cinéma.*
der Infinitiv (§ 5)	die Grundform (des Verbs)	**l'infinitif** *(m.)* **:** ***aider ; être ; dormir ; vouloir***
der Interrogativbegleiter (§ 36, Rév. 1)	das Fragefürwort	**l'adjectif interrogatif / le déterminant interrogatif** ***Quel*** *film ?*
die Intonationsfrage (§ 1, Rév. 5)	die Frage mit Hilfe der Satzmelodie	**l'interrogation par intonation :** *Tu fais tes devoirs ?*
konjugiertes Verb	die Personalform des Zeitworts	**le verbe conjugué :** *Je ne* ***peux*** *plus écrire.* *Nous* ***allons*** *au cinéma.*
die Konjunktion	das Bindewort	**la conjonction :** *Je trouve* ***que*** *c'est bizarre.* *Il ne vient pas* ***parce qu'****il est malade.*
der Konsonant	der Mitlaut	**la consonne :** *b; c; d; f; g;* etc.
das Maskulinum (§ 2, Rév. 1)	das männliche Geschlecht	**le genre masculin :** ***un*** *ami,* ***le*** *chien*
das Neutrum	das sächliche Geschlecht	Existiert im Französischen nicht.
das Nomen (§ 3)	das Substantiv / Hauptwort / Namenwort	**le nom / le substantif :** *le* ***copain****, la* ***rue***
der Numerus (§ 3)	die Zahl (Singular und Plural)	**le nombre :** ***le*** *chien,* ***les*** *chiens*
das Objekt (§ 3) **– direktes ~** **– indirektes ~**	die Satzergänzung – das Akkusativobjekt – das Dativobjekt	**le complément d'objet :** **~ direct (C.O.D) :** *J'écoute* ***un CD.*** **~ indirect (C.O.I.) :** *Papa raconte une histoire* ***à son fils.***
das Objektpronomen (§ 25, Rév. 2) – direktes ~ – indirektes ~	das Personalpronomen / das Fürwort als Satzergänzung	**le pronom objet :** **~ direct :** *Il* ***la*** *regarde.* **~ indirect :** *Elle* ***lui*** *téléphone.*
das *Participe passé* (§ 30)	das Partizip Perfekt / das Partizip II / das Mittelwort der Vergangenheit	**le participe passé :** *donn****é*** *; répond****u*** *; sort****i*** *, compr****is***
das *Passé composé* (§§ 29, 31)	die „zusammengesetzte Vergangenheit"	**le passé composé :** *j'****ai travaillé*** *; je* ***suis arrivé(e)***
die Personalpronomen **– Subjektpronomen / verbundene ~** (§ 3, Rév. 2) **unverbundene ~** (§ 41, Rév. 2)	die persönlichen Fürwörter	**les pronoms personnels :** **– les pronoms sujets / les pronoms personnels conjoints** *(****Tu*** *viens ?)* **– les pronoms personnels disjoints** *(****Moi****, je pars.)*

Verwendete Bezeichnungen	Entsprechungen / Erklärungen	Französische Bezeichnungen und Beispiele
der Plural (§§ 2, 4; Rév. 1)	die Mehrzahl	**le pluriel :** ***les*** *copains ;* ***des*** *cadeaux*
der Possessivbegleiter (§ 12, Rév. 2)	das besitzanzeigende Fürwort	**l'adjectif possessif / le déterminant possessif :** ***mon*** *frère /* ***ta*** *sœur /* ***son*** *amie…* ***leur*** *maison /* ***leurs*** *enfants*
die Präposition (Rév. 7)	das Verhältniswort	**la préposition :** ***à*** *Paris ;* ***avec*** *mon frère ;* ***sur*** *Internet*
das Präsens	die Gegenwart	**le présent :** *Je* ***suis*** *Nathalie. Nous* ***allons*** *au cinéma.*
das Pronomen siehe: – Objektpronomen – Reflexivpronomen – Relativpronomen	das Fürwort	**le pronom :** ***Je lui*** *parle.*
die reflexiven Verben (§ 51)	rückbezügliche Verben	**les verbes pronominaux :** ***Nous nous levons*** *tout de suite.*
das Reflexivpronomen (§ 51)	rückbezügliches Fürwort	**le pronom réfléchi :** *Je* ***me*** *dépêche. Elle* ***s'****habille.*
das Relativpronomen (§§ 46, 54, Rév. 6)	das bezügliche Fürwort, das einen Nebensatz (= Relativsatz) einleitet	**le pronom relatif :** *J'aime le prof* ***qui*** *ne donne pas de devoirs. C'est une fille* ***que*** *j'aime beaucoup. Je fais* ***ce qui*** *est intéressant. Je ne sais pas* ***ce que*** *tu veux.*
der Singular (§§ 2, 4; Rév. 1)	die Einzahl	**le singulier :** ***le*** *copain;* ***un*** *voisin*
das Subjekt (§ 31)	der Satzgegenstand	**le sujet :** ***Martine*** *va à Paris.*
das Subjektpronomen (§ 3, Rév. 2)	Das Personalpronomen / das persönliche Fürwort als Satzgegenstand	**le pronom sujet :** *je ; tu ; il ; elle ; on ; nous ; vous ; ils ; elles*
der Teilungsartikel (§ 42)		**l'article partitif :** *J'achète* ***du*** *lait et* ***de la*** *farine.*
Umschreibungsfrage (§§ 9, 15; Rév. 5)	die *est-ce que*-Frage	**l'interrogation avec « est-ce que » :** ***Est-ce que*** *tu vas au cinéma ? Qu'****est-ce que*** *c'est ?*
die unbestimmten Begleiter (§ 48)		**les adjectifs indéfinis / les déterminants indéfinis :** *J'ai appris* ***tout*** *le texte.*
die Veränderlichkeit (des *participe passé*) (§ 31)	die Angleichung	**l'accord** (du participe passé) : *Les filles sont part****ies****.*
das Verb (Rév. 8) **– regelmäßiges ~ – unregelmäßiges ~ – konjugiertes ~**	das Zeitwort die Personalform des Zeitworts	**le verbe :** *être ; regarder ; pouvoir ;* etc. **~ régulier :** *regarder ; attendre ; dormir* **~ irrégulier :** *être ; avoir ; faire* **~ conjugué :** *Je ne* ***peux*** *plus travailler. Je* ***donne*** *le CD à ton frère.*
die Verneinung (§§ 19, 23)		**la négation :** *Je* ***ne*** *sais* ***pas****. / Je* ***ne*** *peux* ***rien*** *dire.*
der Vokal	der Selbstlaut	**la voyelle :** *a ; e ; i ; o ; u ; y*
die Zahlen (§§ 10, 16, 24)		**les nombres :** *un, deux, trois…*